一開口就打動人心

精準掌握演說・溝通・簡報・寫稿技巧

簡麗賢◎著
昭日光和◎繪

推薦序1

奠定演說技術，塑造演說藝術

「演說」是個人向大眾表達思想、情感和意見的行為。在這個人際互動頻繁、群己關係密切的時代，隨時都有發表演說的機會；能把握機會成功的發表演說，可因而「鯉魚躍龍門」，得到肯定與讚賞；假使不能發表妥當的演說，則可能權益不保、受人輕侮，甚至抑鬱以終。從這樣的角度去思考，人人都會覺得：演說不只是成功立業的重要能力，也是自我防衛的基本技能。

有人「學習演說」要追求完美的「藝術境界」，也有人「學習演說」要講究高深的「學術內涵」；缺乏「藝術境界」的演說，使人覺得美中不足，缺乏「學術內涵」的演說，使人覺得深度不夠；因此演說「藝術化與學術化」，成為發展的主流。

但是，「藝術境界」要有「技術根柢」才能夠塑造出來，「學術內涵」要有「技術基礎」才能夠累積起來；完美的「演説藝術」靠「演説技術」呈現，而高深的「演説學術」更要從「演説技術」下功夫鑽研。簡麗賢老師的《一開口就打動人心》，正是幫助大家奠定「演説技術」、塑造「演説藝術」、追求「演説學術」的好書。

我認識簡老師很久了。他在大學讀的是自然科學的物理學系，卻在數年努力後榮獲全國語文競賽國語演説教師組第一名及閩南語演説第三名，憑藉的就是對「演説」的熱愛。現在他把多年研究與體驗的心得，從取材、組織到發表；從演説到簡報及申請入學面試，鉅細靡遺寫出來供大家參考。我鄭重推薦這本好書。

張正男

國立臺灣師範大學國文學系退休教授，全國語文競賽評判委員，教育部國語文推行委員會委員，對國內推動語文教育貢獻甚鉅。

推薦序2

有備而來的演說高才

坐下來能寫，站起來能講，做事有方法、有效率是人生的一大資產，有良好表達能力的人，特別容易成為眾所歡迎的人才。從事教職四十多年，我常年擔任演說競賽的指導教授，讓我印象最深刻的是簡麗賢老師。麗賢是北一女的物理科教師，熱愛寫作與演說，數次榮獲臺北市國語演說和閩南語演說教師組第一名，代表臺北市參加全國語文競賽，榮獲國語演說教師組第一名及閩南語演說第三名。在集訓期間和比賽會場上，他氣質獨特，英挺的身材、專注的眼神、穩健的臺風，舉手投足，處處讓人驚豔，是口語表達的高才。

麗賢積極學習的態度和用功深入的程度，令人佩服。筆記本上，天天有新的紀錄、新的資料、新的題綱，密密麻麻的字裡行間，看得出他用心蒐集、記錄不同的演說體裁以及表達技巧，做到一上臺就有大將之風，一開口就知道他有備而來。我期望他準備一百個題目，他卻能準備兩百個以上的題目。在民國八十四年的全國競賽中，簡老師不負眾望，榮獲全國國語演說教師組第二名。之後，他的演說有思想、有感情、有內容、有條理、有趣味，聲情並茂，扣人心弦，令人感動，終於榮獲民國九十五年全國競賽教師組第一名。

民國九十五年，我轉任本土語言演說的指導教授。之後幾年，麗賢希望學習及了解更多的閩南語演說概念，因此投入閩南語演說比賽，成為臺北市的教師選手代表，繼續耕耘演說的田地，獲得兩次全國教師組閩南語演說第三名的佳績。

麗賢是一位演說高手，這本《一開口就打動人心》是他多年演說實戰經驗和擔任指導教師、評判委員的心血結晶。相信這本書有助於學生學習及教學應用，同時也適合社會人士與學生家長參考，是值得推薦的好書。

陳光憲

曾任臺北市立教育大學副校長、應用語言文學研究所所長、德明財經科技大學校長，現任講座教授。

自序

舌尖上的思路，好口才讓你更出色

媒體曾報導某大學學生會為會長用詞不妥而發文道歉。聯合報報導獲得總統教育獎的大學生在「教育部長與大學生相約」的座談會反映「臺灣學生表達能力不足。」、「不少選手得獎時，接受記者採訪，被問到得獎感受及未來目標，面對麥克風總是支支吾吾，說不出話來。」學生誠摯建言：「表達能力，學校沒教，卻最重要。」部長回應：「表達能力是軟實力。」

學業成績好的學生不代表善於表達，優異的表達能力需要掌握正確的學習方法。商業周刊曾專題報導〈一堂建中生必上的口語溝通課〉的建國中學老師表示：「問題出在『沒重點』。因為缺乏策略，言之有物卻未必言之有理。學生講話很直白，但沒有條理，對方聽不懂，反而引起誤解。」絕大部分高中生是如此，學生的表達課絕對必要。

話，人人會說，但一言使人笑，一言使人跳，「良言一句三冬暖，惡語傷人六月寒」，表達技巧焉能不講？提升說話的能力豈能不重視？演說或致詞是舌尖上的思考，在有限的時間依循思考脈絡，掌握言之有物、言之有序、言之有理的原則，不漫談不聊天。演說是思維與邏輯表達，內容言簡意賅為要，若能注重「鳳頭、豬肚、豹尾」的層次，綱舉目張，見解能見樹又見林，會是精采的演說。

如何提升舌尖上的思考能力，學校若能在多元選修課程中開設表達課，最好。尤其教導學生說話時該如何表達，如何耐心傾聽再發言，誠如孔子強調的「未及之而言謂之躁；及之而未言謂之隱；未見顏色而言謂之瞽」，能夠「言之有物、言之有序」是說話的基本要求，倘能用詞遣句優美典雅，能引經據典、幽默陳述，能「言之有趣」，境界更高。

眼界決定境界，思路決定出路，格局決定結局，態度決定高度。該如何學會表達？這是撰寫這本書的初衷。讀者若能多閱讀，如曾國藩「文章之事，以讀書多，積理富為要。」文心雕龍「操千取而後曉聲，觀千劍而後識器，故圓照之象，務先博觀。」藉著雅俗共賞和簡短精要的文辭，適切的表達思想和情感，讓説話能活色生香，達到「石韞玉而山輝，水懷珠而川媚」的語言境界。其次，把握提升口語表達能力的機會，主動積極上臺發表，

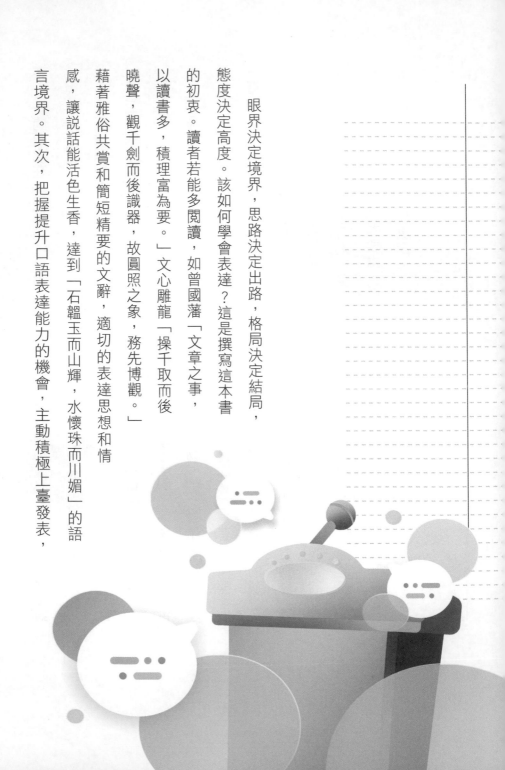

多演練多揣摩，假以時日，表現不同凡響，令人眼睛發亮。

每年的九月至十二月，教育部辦理語文競賽，我有幸參與國語演說評判工作，了解學生在學習口語表達的努力。有感於提升演說與表達能力對教學工作、學生學習和專業成長的重要性，因此撰寫這本書，期待能提供學生學習演說的概念與技巧。

特別感謝引領我進入演說學術殿堂的恩師張正男教授及陳光憲教授撥冗寫推薦序，銘感五內。

謹以此書獻給我最敬愛的母親，叩謝先母的養育之恩。

目錄

PART 3

建構多變有趣的內容

PART 4

各種說話技巧實戰應用

PART 1

認識言語的力量

學習說話之道

說話是人類與生俱來的能力，誰不會說話呢？但是要說話得體，把話說清楚，就有學問了。究竟該如何學好說話，讓自己說得更好？建議可從參加演說比賽開始。

我在學生時代曾參加演說比賽，但成績不理想，也沒有機會接受適當的指導。為了提升自己的口語表達能力，民國七十八年開始參加語文競賽的國語即席演說，目的在訓練口語表達及臨場反應能力。經過多年的努力，曾獲得五次縣市國語演說類教師組第一名，取得參加全國語文競賽的代表權。這段期間曾與前六名擦身而過；也曾在民國八十四年南投縣承辦的全國語文競賽以「理想的編班方式」獲得第二名；九十三年在屏東縣的全國賽以「對立與團結」獲得第四名；為了從臨場比賽中獲得豐富經驗，鍥而不捨，終於在民國九十五年以「如何提升中學生低落的寫作能力」忝獲四位評判委員青睞，得到夢寐以求的教師組第一名，驗證金石可鏤。

由於全國語文競賽辦法規定，獲得全國賽年度第一名，即不能再參加該項該組比賽，因此我轉向挑戰教師組閩南語演說項目，以本土語言即席抽題上臺競賽，兩次獲得臺北市語文競賽教師組閩南語演說第一名，代表臺北市在一百年和一零七年參加全國語文競賽分別獲得該年度教師組第三名，現已改成參賽者成績前四分之一者，亦即估算前六名皆為特優獎。閩南語即席演說的難度之高，我的體會相當深刻。

朋友和學生問我：「為什麼鍾情於演說？為什麼不怕挫折，堅持參加全國語文競賽？」、「為什麼一個高中物理老師會想參加演說比賽？」我總是莞爾表達想法，不論任教哪一科目，口語表達都是一門值得學習的技能，因為「說話是一項技術，一種藝術，更是一門學術。」如果教師能適切而有效的表達課程重點，掌握教學目標與時間，相信是學子之福。

想一想，如果師長在集合學生說明事務時，能言之有序，言之有物，言之有理，言之有趣，相信學生會立即了解事情的來龍去脈，達到有效溝通的效果。老師一開口說話就是自己的廣告和品牌，學生會幫我們宣傳，由於這樣的體認，我一直努力學習如何表達和演說，學習如何設計和執行一堂讓學生豐收的課程。

大量閱讀提升言辭精準度

參加語文競賽時，語言是思想與內容的衣裳，精準的言辭是評分的重要依據，內容的質感與言辭的精準即是評分的重點和得獎的關鍵。基於此，我除了閱讀自己本身物理科學領域的書籍外，也閱讀《古文觀止》、《論語》、《孟子》、《文心雕龍》等先賢文章典籍，感受語言的凝鍊與簡約之美，進而獲得啟發。在談話或表達意見時，能根據說話內容適切的引經據典，言簡意賅表達旨意。

民國九十五年在高雄舉行的全國語文競賽，我忝獲教師組國語演說第一名，即席上臺抽到的題目是「如何提升中學生低落的寫作能力」，當時運動新聞最熱門，莫過於在美國職棒大聯盟洋基隊的投手王建民。我以王建民這位優質投手為例，說明優質投手需具備三個要素：準度、速度與彎度，以三個向度闡述如何提升中學生低落的寫作能力。所謂準度是針對學生寫作能力低落的原因提出針砭之道，閱讀不足導致寫作能力低落，因此準度就是多閱讀，閱讀經典好文章，背誦與蒐集適切的好材料，成為撰寫演說稿的源頭活水。

為了說明我的論點，首先引用《文心雕龍．知音》的「操千曲而後曉聲，觀千劍而後識器，故圓照之象，務先博觀」，說明廣泛閱讀、積學儲寶的重要；接著，說明速度的意義，闡述提升中學生低落的寫作能力須注意有效的評量，強化學生學習的動機，因此須能即知即行，我引用陸游寫給兒子的詩：「古人學問無遺力，少壯工夫老始成。紙上得來終覺淺，絕知此事要躬行。」言簡意賅，深中肯綮，說明執行力的重要。

大量閱讀可以啟發表達的靈感，提升遣詞用字的靈活性和精準度，這是我數年來參加演說比賽的體悟。例如：閱讀《成語典》或《古文觀止》，能精準掌握成語的典故，《史記・項羽本紀》：「今者項莊拔劍舞，其意常在沛公也。」比喻說話和行動的真實意圖暗有所指，此為成語「項莊舞劍」，比喻表裡不一致的人以偽裝動作掩飾真正企圖，很貼近臺灣閩南語俗諺「揹籃假燒金」的意思。

零碎時間蒐集說話題材

零碎的布料可以織成彩衣，零碎的時間可以完成篇章。我亦習慣利用零碎的時間閱讀文章或背誦詩詞，透過積沙成塔的方式累積說話的素材。例如：蘇軾的〈題西林壁〉：「橫看成嶺側成峰，遠近高低各不同。不識廬山真面目，只緣身在此山中。」頗富哲學意味的詩，說明當局者迷，旁觀者清，發人深省。這樣短短的一首詩，很適合在較零散的時間中，細細品味咀嚼。

「項莊舞劍」的典故背景是「鴻門宴」，鴻門宴非好宴，因此演說時遣詞用字要精準，千萬別把參加喜宴或壽宴以「鴻門宴」形容。若在喜宴中受邀致詞，上臺說「很高興在此鴻門宴中上臺致詞」，可能嚇壞一些懂得此典故的客人。

大量閱讀增加演說豐富度

對一般學生而言，作文是傷腦筋的功課，若要再經過口語表達，又更「燒腦」。其中，除了不知要說什麼外，有一項主因是一般學生對於成語、名言佳句、歷史典故、經典故事所知有限。

有一年高中學生組的演說題目之一是「拒絕的智慧」，此題難度高，因為關鍵字詞是「智慧」，演說中能談到「智慧」，確實不易，對高中生的挑戰極高。與人相處時，難免遇到朋友需要互相幫助的情況，量力而為才不會陷入兩難。如何委婉的拒絕他人？如何發揮拒絕的「智慧」？如果講者曾讀過李密的〈陳情表〉和張籍的〈節婦吟〉，並能以此二例鋪陳，相信能獲得評判委員的青睞。

李密面對「詔書切峻，責臣逋慢」、「州司臨門，急於星火」、「欲奉詔奔馳，則劉病日篤」、「欲苟順私情，則告訴不許」的「進退狼狽」，該如何拒絕晉武帝「改任太子洗馬」的厚意？對李密而言，處境尷尬，是一道難題。最後，李密以〈陳情表〉感動晉武帝，獲得晉武帝諒解。他陳述時感情真摯，語詞婉轉流暢，營造祖母日薄西山的孤苦印象，以及自己盡忠盡孝，進退維谷的煎熬，終能感動晉武帝。如何拒絕別人的好意而不傷感情，李密的〈陳情表〉是代表作，充滿拒絕的智慧。

張籍的詩〈節婦吟〉描述的情境異曲同工。〈節婦吟〉中：「知君用心如明月，事夫誓擬同生死。」這兩句肯定對方的真心真情，但也堅定表明自己與夫婿情真意摯同生死。「還君明珠雙淚垂，恨不相逢未嫁時」，這兩句更明確表達「我已是有夫之婦」、「我不能接受你的感情，做你的『小三』」，尤其是『恨』字，再一次說明自己的回應既委婉又堅定。

〈陳情表〉和〈節婦吟〉表現出拒絕的智慧。「智慧」在於不傷人感情，不激怒對方，以共同的核心價值掌握微妙分寸，進而說服對方。西諺：「愚者說想說的話，智者說該說的話」，《論語》則有「時，然後言，人不厭其言」，這些都說明學會說話的重要。

多說話並不代表會說話，學習說話必須自我認識，多方取經與涉獵，蒐集說話題材，西諺名言「羅馬不是一天造成的」，曾國藩也說：「文章之事，以讀書多，積理富為要。」，杜甫則感悟「讀書破萬卷，下筆如有神。」，希望說話言之有物、言之有文，想要改善表達方式，增強演說能力，演說時能文思泉湧、左右逢源，「多讀書」也許陳腔濫調，卻是顛撲不破的真理。

選書時，可視自己的興趣與計畫而定。除了經典古籍、唐詩宋詞、成語典故必讀之外，文、史、哲、科學、管理等領域的書，看得下去就讀。現代文學也有不少好文章和現代詩，閱讀後可汲取為演說稿的養分；科普書蘊藏演說的好題材，尤其是現代科技與近代物理觀可以增加新知，提高演說稿的新鮮感。

讀書時，則須記重點摘要，畢竟人的記憶力有其時效性，「好記性不如爛筆頭」有其根據。做筆記時可以分門別類，可以擴充其他相關議題，聯想這些摘要可以用在哪些主題。長期養成做筆記的習慣，自然愈做愈好，也許是一段名言警句或發人深省的對話小故事，也許是一首令自己感動的詩，逐漸填入筆記本中，經過一段歲月，積沙成塔，才能挑精撿肥，不致陷入「話到用時方恨少」的窘境。

打動人心的魅力演說

古今中外知名的哲學家、教育家、政治家大抵是才華出眾的演說高手，他們藉著便給的口才傳播理念，透過穩健自信的臺風引領風潮，造就時勢。

以全球矚目的就職演說而言，美國前總統林肯及甘迺迪的就職演說是傳世經典，歐巴馬的就職演說則是舉世矚目。在南北戰爭戰況陷入膠著後，林肯在蓋茲堡發表「民有、民治、民享」的演說，這是一篇膾炙人口的演說稿，把立國精神、國家興亡及民有、民治、民享的理念相互結合呼應，鼓舞人心。

甘迺迪在一九六一年就職典禮中，以自信的神情和激昂的聲調發表演說：「不要問國家能為你做些什麼，要問你能為國家做些什麼；不要問美國能為你做些什麼，要問我們團結在一起能為人類做些什麼。」這是一篇鏗鏘有力的演說稿，激勵全球人類為自由、為福祉而奮鬥。

美國第四十四任總統歐巴馬以林肯為師，在就職典禮發表「這是一個負責任的新時代」。他以謙卑感恩卻又不失自信的穩健臺風發表演說，擄獲不少人心。演說時，他條理分明，以語氣聲調突顯重點，除了感謝先賢的犧牲及歷任總統的努力外，更激勵美國人克紹箕裘，承先啟後，並且在危機時團結合作，突破困境。

此外，國內已故學者趙寧、沈謙教授是言之有趣的幽默大師，讓領受過他們演講魅力的人如沐春風，懷念不已。高希均教授、嚴長壽先生演說時條理分明、旁徵博引，豐富觀眾的心靈。曾到臺灣訪問的諾貝爾物理獎得主法國學者費爾以深入淺出的方式演說「巨磁阻在奈米科技的應用」；同樣是諾貝爾物理獎得主楊振寧一〇四年在臺灣大學的演講，引經據典，援引詩詞說明物理之美，描述薛丁格、海森堡、狄拉克等物理大師的風範，皆能使觀眾理解科學之美，讓人印象深刻。

沒有人天生就是演說高手，美國大文豪愛默生說：「我知道偉大的演說家最初都是表現不理想的說話者。」多方涉獵且飽讀詩書的人才能出口成章，言之有物；傑出的演說家之所以能侃侃而談，言之有序，端賴豐富的學識與可貴的人生體驗。因此當眾發表一場成功而感人的演說，必須得力於長久且充分的準備，讀萬卷書可以培養學識，行萬里路能夠開拓視野，有見聞才能旁徵博引，言之有味，說到人們的心窩，打動觀眾的心弦，產生動人的力量。

說動人心的關鍵

全國語文競賽演說項目屬於即席抽題的比賽，選手須結合作文和朗讀的能力，挑戰相當大。

演說比賽的評判標準包含語音（發音、語調、語氣）占40％，內容（見解、結構、詞彙）占50％，儀態（儀容、態度、表情）占10％，評判委員依據以上的標準，評論和判斷參賽選手演說的層次高下，其中更重視演說的內容，因為內容占評判標準的一半，只要內容切題、層次鮮明、見解不凡、結尾有力，便能取得優異的成績。

根據我擔任評判委員的經驗，會說話的人一開口便能吸引人氣，一出聲就能扣人心弦，因此，語言和儀態的品質往往也反映人的品質。說話的內涵貴在精妙，不以長短秤斤兩，有時聽人家說了一整天，回家想一想，如風過林梢什麼也沒留下；有時我們只聽別人說了幾句，卻如長河流淌，不絕於耳。演說精采而令人印象深刻的比賽，是一場豐盛的心靈饗宴。

全國語文競賽演說項目是「口述作文」，說給人「聽」，不是寫給人「讀」，因此撰寫演說稿時要注意遣詞用字，例證、譬喻、典故或故事等，都必須口語化、生活化，讓人一聽就懂，才能引起共鳴。

演說比賽的內容，包含見解、結構和語彙，既然是比賽關鍵，因此好的演說稿必須將最好的字句放在最好的層次。層次指講稿的布局，亦即起承轉合。古人為文講究起承轉合，提出「三分法」妙喻，也就是「鳳頭、豬肚、豹尾」，意思是「起要美麗、中要浩蕩、結要響亮」，尤貴首尾貫串，因此言之有物、層次分明、用語貼切，成為演說比賽的致勝關鍵。

演說三大原則

語文競賽國小學生組和國中學生組演說比賽的時間不超過五分鐘，高中學生組和社會組不超過六分鐘，教師組不超過八分鐘，能論述的時間相當有限，因此演說時必須把握「審題要精準，入題要快速，扣題要適切」的「三要」原則，文稿結構包含引論、本論及結論，全篇以「鳳頭、豬肚、豹尾」為指標，開頭要吸引人、中間描述的內容要豐富有料、結尾要響亮有力。

特別提醒審題要精準，應掌握陳述內容的「方向感」，方向正確才不會離題。掌握方向後，注意內容的架構能「言之有序」的「層次感」，也就是演說稿的起、承、轉、合。

再來，考量取材的「新鮮感」，說話的素材是什麼？能不能引起聽眾的興趣，願意留下來聽我們說話，素材就是關鍵。說話內容取材要新鮮，可以從最近的新聞事件組合成切題的說話內容，電影題材、社會事件、兩岸新聞、國際大事、運動競賽等，都可能是新鮮題材。盡量不採用太舊的素材，例如：愛迪生、華盛頓的故事就顯得沒有新意，對比賽成績毫無助益，無加分效果。

更進階的表現須注意遣詞用字的「質感」，能引經據典，語彙中穿插成語，能幽默陳述，能「言之有趣」。以下以「鳳頭、豬肚、豹尾」提供撰寫演說稿時參考。

鳳頭：引人入勝

引論是演說稿的鳳頭，不超過全稿的五分之一，可採用「名言錦句」、「開門見山」、「故事實例」法。

名言錦句法是指使用名句入題，例如：題目「讀書的重要性」，開頭引用朱熹「問渠哪得清如許？為有源頭活水來」當作開頭的「名言錦句」；也可以開門見山，直接說出精義，告訴評判委員蘇軾的詩句「腹有詩書氣自華，讀書萬卷始通神」，說明多讀書不僅避免言語乏味，面目可憎，還可以開拓視野，見解不凡，更能「讀書破萬卷，下筆如有神」，切題直入，乾淨俐落，引人入勝；故事實例法是指用簡短故事、幽默案例開頭，可引發聽者的興趣。提出問題法乃運用問答法，以內容相關問題開始，帶動聽眾思考問題。

豬肚：豐富有料

演說稿的本論是豬肚，可分成二至三段，立論清楚，描述引人，說明有系統，舉例有新意，才能凸顯「豬肚有料」的特色。例如：「智慧型手機對中學生的影響」，本論可採用正反說引證法，清楚說明智慧型手機對國中生、高中生有哪些正面和負面的影響，如同「水能載舟亦能覆舟」，正面的影響包含手機透過網路能「天涯若比鄰」，上網蒐集資料輔助課程學習、快速聯繫溝通、協助科學探究與實作等；負面的影響是使用不當易陷入手機網路沉迷、不利人際溝通、影響睡眠及視力、危害健康、網路言語霸凌等。因此，使用手機必須善用而非濫用，能「役物而不役於物」，學習做手機的主人，而不是受手機控制。

豹尾：響亮有力

結論是豹尾，貴在精簡扼要，長度不超過全稿的五分之一，總結全文要簡潔漂亮而有力。結論最常使用三種方法：「要點歸結法」，指在結束前歸納講稿重點，再一次加強聽眾的記憶；「前後呼應法」，乃在結論不忘照應引論，使聽眾感覺全篇演講的完整性；「提出精義法」，是指用名言佳句或經典詩詞作結。結語時語彙典雅，不僅漂亮有力，更能提升演說稿的質感。

例如：在「社團活動經驗談」提到「高中生的社團活動可以培養領導力」，可用「器度決定高度，格局決定結局」說明高中生從社團活動中學習領導者的胸襟；引用范仲淹「一派青山景色幽，前人田地後人收；後人收得休歡喜，還有收人在後頭。」說明高中生經營社團體悟承先啟後不容易。

演講時如有效運用前述三項原則，這樣會讓你的演說更出色，以下舉一則範例供讀者參考：

各位評判老師、各位同學早安。我是國中組第六號，演說的題目是「學習做手機的主人」。

手機是現代科技的產品，主宰我們的生活。透過電磁波的無線通訊和傳輸，手機讓我們「掌中握乾坤，一指滑無限」，窄小的體型隱藏寬大的世界，一滑就滑出知識，滑出新願景。然而，水能載舟也能覆舟，滑手機滑出生活的危機，滑出人際相處的新問題。如何做手機的主人，成爲教育的重要課題。

手機結合網路，實現「天涯若比鄰」的理想，改善人類溝通的型態，因爲過去的溝通靠馬路，現在的溝通靠網路。手機結合網路，改變我們的學習型態和教學方式，實體書不再是獲得知識和教學主體的唯一，手機可以輔助學生學習和教師教學。我們應該學會做手機的主人，讓手機成爲我們學習和教學的好幫手。

然而，很遺憾，現實的科技生活中，有人沉迷於手機和網路中，不僅傷了視力和健康，也陷入人際溝通的危機，甚至誤用手機，造成網路言語霸凌的傷害。我深刻感受誤用手機造成人與人溝通的障礙，例如：好久不見的朋友們難得見面吃飯，卻是「我們在臉書問候彼此，卻在見面時低頭滑手機」、「手機把遠方的人拉近，把旁邊的人推遠」，這樣的畫面一點也不稀奇。

科技始終來自人性，手機的誕生原是要改善人類的生活，荀子提醒我們：「君子役物，小人役於物。」我們應該善用手機，而不是受手機制約，學會做手機的主人是我們應有的修爲和素養。謝謝！

這篇演說稿的層次鮮明，分成四段，首段用語典雅，以「掌中握乾坤，一指滑無限」發揮鳳頭美麗的效果；中間兩段說明手機對人類的正反面影響，立論清楚，舉例富有新意，符合豬肚的本論論述；結尾以「役物而不役於物」作結，凸顯豹尾的力量，明確強調學會做手機主人的重要性。

成功演說的要點

演說者要能針對主題蒐集資料及撰寫大綱，使演說稿內容布局完善、結構嚴謹段落分明條理井然；演說時應注意開頭與結尾，講話的過程裡，前十秒開頭的十句話相當重要，而結尾和前言要前後呼應且具震撼力。

符合一場成功演說所需具備的要點則有：

1. **儀態舉止：**說者以自信的儀態上臺，面露微笑，展現大將之風。演說時不要告訴聽眾自己緊張、不要一開口就表示抱歉、不要邊說邊整理衣飾、肢體語言切忌呆板僵化、切忌撥弄袋中零錢雜物。

2. **開場態度：**好的開始是成功的一半，開場白有禮而謙卑，精采而漂亮，能贏得全場矚目，留下深刻印象。

3. **講稿內容**：要掌握前述「演說三大原則」的布局，起承轉合，首尾貫串。要有可聽性，具有中肯的見解，能以誠感人，以理服人，以情動人。

4. **聲音表情**：發音要清晰悅耳，口語表達要清楚，音調要有抑揚頓挫的「節奏感」，有適度的停頓或間歇，給聽眾感受與思考的空間。在語文競賽中，發音占總分四十分，因此上臺前應叮嚀自己注意發音的準確度，聲調語音的音高音長變化、發音正確、音量適度等皆不能小覷。例如：將「生活」發音為「身活」、「高興」發音成「高信」或是上聲尾音不完全、陽平尾音不夠高、語句尾音拉高而拖長等，皆應避免出現。

5. **語速變化**：演說時要注意有效運用說話速度，遇到需要強調的地方，能拉長聲音並且減慢語速，引起觀眾的注意。特別是相近音或同音不同義的名詞就要特別強調，例如：講「施與受」時，千萬別讓觀眾以為我們在講「食蟻獸」。當演說者要賣關子、打啞謎或提及傷心事時，則該緩不急；若要呈現一聲比一聲急或一句比一句長，一口氣把觀眾的情緒拉升堆積起來，達到尖峰而嘎然停止時，則該急不緩。急緩有序，變化多端，方能引人入勝。

6. **肢體語言：**演說時要善用肢體語言，適時運用手勢的「動感」，輔助演說內容；適時微笑，以眼神與來賓觀眾交流，讓來賓觀眾覺得受到重視。

在演說過程中，表現優雅的風度與禮儀，結語鏗鏘有力有餘韻，並以最誠懇的聲音說「謝謝！」，以自然的微笑和翩翩的風采鞠躬下臺。

PART 2

情境營造，抓住眾人目光

口才樹——說話訓練術

「口才樹理論」是以一棵樹的結構和生長條件，來描述口才訓練的幾項重要要素，這是知名口才理論家文若河研發的一套口才訓練體系。以這理論為基礎，我將其調整為更適合臺灣讀者自我訓練的內容，其中包含樹根、樹幹、樹枝、樹葉、土壤，依序說明口才訓練時的心理素質、口才基礎、口才技巧、思維素質和知識儲備五項訓練要素。

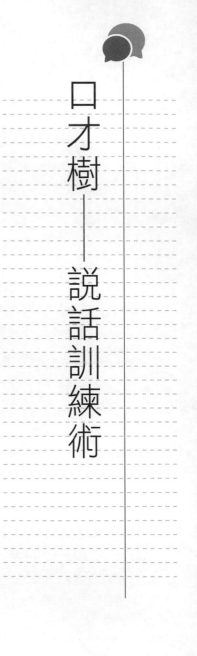

樹根——心理素質訓練

我認為無法流暢表達想法的關鍵，在於「不敢說出口」，這應該是很多人想突破的困境。「站出去，說出來」確實需要勇氣，也許你我可能有此經驗，要講的話原本心裡已想過好幾回，口中也念念有詞，怎麼一站上臺就緊張、發抖、恐懼、臉紅……，講不到幾句就力不從心，腦筋一片空白。這些情況在學習口語表達的歷程中，是一種過渡期的現象，主要原因在於「心理素質脆弱」，套句網路鄉民的話：心理素質要「硬起來」。

誠如臺灣俗諺：「樹頭徛予在，毋驚樹尾做風颱」，若將口才表達的「心理素質訓練」，比喻成「樹根」，那麼就只有根扎得牢固，才有可能長成枝繁葉茂、鬱鬱蔥蔥的參天大樹。因此，多練習開口說，並穩住自我心理，試著勇敢「站出去，說出來」，才可能說得好。

樹幹——口才基礎訓練

口才基礎訓練包括：

1. **聲音的訓練：**如正確發聲、字正腔圓，適時停頓、抑揚頓挫，讓說話具有感染力。眾所周知，面對一群人時，溝通與表達的效果如何，說話人的聲音表情與音調是重要的因素。在演說中如能呈現畫面，「以聲傳情、因聲顯境」，透過聲音表情呈現畫面和現場，更能使人感同身受；藉由音調高低與語速快慢的變化，呈現輕重緩急，就得以把我們的思想傳遞給別人。

2. **肢體語言運用：**如上下臺的儀態、如何適切掌握手勢和運用眼神，讓我們面對觀眾講話時落落大方，以增強表達的效果，並且能得體的自我介紹和介紹他人、讚美別人。

這樣的基礎訓練過程，有如一棵樹的樹幹，當樹幹愈結實愈挺拔，這棵樹愈能成材。可以讓我們逐漸熟練、學會一場學術演講的主持，或者簡潔清楚的介紹投影片等，進而掌握人際相處必須遵守的禮儀，提升口語表達的素養。

樹枝——口才技巧訓練

口才有六大技巧訓練：

1.「言之有物」，訓練說話時的內容有主題而不空洞。
2.「言之有序」，培養表達時邏輯清晰且層次分明。
3.「言之有理」，訓練講話有理有據，能以理服人。
4.「言之有趣」，則是講話生動有趣且詼諧幽默。
5.「言之有情」，可以讓我們講話富有感情。
6.「言之有文」，則是講話文采飛揚，魅力四射，提升說話的質感。

樹葉——思維素質訓練

思維是指思想的維度，可包含思想的空間與時間。語言是思想維度的外在表現，所用詞彙與個人閱讀的深度及廣度有關。有的人思維敏捷度、水準層次太低，思考問題時總是比別人慢半拍，別人的話說完很久後才恍然大悟；有的人說話時丟三落四，邏輯不嚴密，容易給人留下把柄，很難達到良好的口語表達效果，這主要關鍵是思維素質尚待提升。

在思維素質訓練課程裡，可以安排五種思維訓練：

1. 形象思維訓練，說話時能有聲有色。
2. 逆向思維訓練，能語出驚人。
3. 質疑思維訓練，能使講話時追根究柢、探本尋源。
4. 類比思維訓練，可以微言大義。

5. 邏輯思維訓練，可以在說話時思考縝密而無懈可擊。

這五種思維素質訓練，可以清除思維的盲點，拓寬思維的廣度，深化思維的深度，提高反應能力，強化思維的精確度和嚴謹度。

土壤——知識儲備訓練

「口才樹」要種在哪裡？無庸置疑，當然要種在肥沃的知識土壤上，因此，我們平時要多閱讀，儲存說話素材，尤其是儲備國內外重要大事紀、經典的詩詞名句和名言、有趣的歇後語、典雅精準的成語、道地而富地方色彩的俗語等，並且適時整理與取捨資料。

以臺灣的重要大事而言，例如：交通事故慘痛案例、工程安全事故、社會重大案件、天然災害造成的悲劇、水災旱災對我們生活的影響、新冠肺炎疫情等，皆應整理資料作為演說題材儲備庫；又如社會溫馨的善行、教育文化新聞、多元升學政策、考試制度變革等，都是平時即應儲備累積的資料庫。

以國外重大新聞而言，全球新冠病毒肺炎疫情造成的影響內容多元，能陳述的角度相當廣泛；日本擬處理福島核廢水議題，關係太平洋水域和生態，也是國際關注的焦點；減碳是全球必須重視的議題；詐騙橫行，跨國打擊犯罪，防治人口販賣，是生命與人權的新聞焦點。我們的資料庫豈能空白？

「臺上十分鐘，臺下十年功」要讓自己具備好口才，只要把握好口才樹的理論原則，持之以恆，多觀摩、多學習、多閱讀，不論是接受訓練或自我學習，皆一步一腳印累積。假以時日，我們的口才樹才可能生意盎然、剛勁挺拔長成擎天大樹，練就人人欽羨的好口才。

運用眼神與肢體語言

當聽講者坐在臺下聆聽簡報或上課時，除了聽取簡報內容外，相信也會注意報告人的肢體語言，因為影響我們繼續吸收訊息的意願。有些講座一進會場，還沒開口，演說者的眼神、表情態度、服裝儀容、肢體語言馬上影響觀眾的想法，也就是究竟是否能「吸睛」。

這一節內容將與讀者分享說話時的動感，也就是眼神與肢體語言的運用。

眼神觀照全場

當我一上臺亮相時，必定提醒自己：要定住全場，眼神關注全場之必要，重視每一位觀眾存在之必要，讓所有觀眾都感覺被注意。最簡單的祕訣就是以教室或會場最後一排的觀眾為眼睛注視掃射範圍，眼神所及，前排的觀眾或學員也會感覺受到關注，達到觀照全場的效果。

一開始也許眼神會不自然，可以透過多練習，讓自己在空教室或會議室練習從左看到右，從最遠看到最近，再從右看到左，從最近看到最遠，來回幾遍環視全場。參加比賽前，除了也要練習眼神注視觀眾之外，更要平均鎖定關照臺前的評判委員。

特別提醒，對大眾說話或簡報時，千萬別把眼神放在同一點或同一個人身上，會讓人很不自在。當然，更不能只看天花板、黑板（螢幕）和地板，不然會留下「三板」的稱號。

肢體語言增強說話氣勢

談到肢體語言，要特別強調「微笑」，相信觀眾都喜愛帶著微笑報告的人，因為微笑是拉近報告人與觀眾距離最有效的方式。除了面部表情外，手勢的表達、身體的動作都可以增強說話的氣勢。

站姿自信，移動有技巧

演說或簡報時，不論採用何種站姿，基本原則就是要讓觀眾有種自信、愉快而不失禮節的印象。例如：向觀眾簡報時，一開始最好大方的面對觀眾，兩腳張開與肩同寬，重心擺在中間，雙手自然下垂，必要時，一手可以拿著講稿大綱。如果能做到「擡頭、挺胸、縮小腹」那就更好了。穩重而輕鬆的站姿會留給觀眾良好的印象，比起駝背叉腰、左擺右晃，或眼睛只盯著講稿或螢幕的演說者來得受歡迎。

如果是一般簡報的場合，可以視場地及硬體設備而小幅度移動位置，也就是不必僵站在同一位置；不建議報告人在演說場地或報告的會議室前後左右頻繁移動，畢竟會場中可能有專人攝影，移動的地方仍以講臺附近或會議室螢幕前方移動位置即可。若是參加全國語文競賽的演說項目，仍以固定位置為宜，避免離開主辦單位已經設計規劃好的位置。

手勢要適度而大方

演說或簡報時，如果能適度運用手勢，對演說者有加分效果，若運用不當，如手勢太多、不夠大方明確，對演說或簡報內容沒有意義的動作太多，反而喧賓奪主，容易分散觀眾的注意力，讓簡報或演說的效果大打折扣。

對一般人而言，說話時運用手勢強調重點是很自然的事。但是「水能載舟，也能覆舟」，演說或簡報前最好構思與評估，報告時哪個地方或環節要出現什麼手勢，動作要大方，才能發揮強調內容的效果。因此建議事先演練或冥想，最好在講稿中做記號提醒自己。切記！千萬別濫用手勢的肢體語言，而讓自己變成動輒就揮舞手臂的八爪章魚，會讓觀眾眼花撩亂，印象糟透了。最後再提醒，演說或簡報時千萬不要摸頭、搔癢、忸怩作態，把手插入口袋更是大忌，因此切勿把手伸進口袋把玩鑰匙或零錢。

掌握要點的情境演說

教育部全國語文競賽實施要點，自民國一一〇年，學生組除了原有的國語演說即席抽題競賽項目外，增加呼應十二年國民基本教育課綱核心素養的「情境式演說」，取代往年本土語言的備稿或背稿式演說。

「情境式演說」，乃依據上臺前抽到的四格情境圖畫，需要演說者掌握畫中重點，以口語和肢體表達圖畫想呈現的情境內容。當我們抽到圖片後，先冷靜解圖，瀏覽四格圖畫，確認理解四格圖畫的主題；知道說什麼後，構思如何講這四張圖，合理適切貫串圖片的涵義。接著，仔細端詳圖畫中有哪些明示與暗示，例如：季節、節日、地點、人物、舉動、標語等，成為創意構思的源頭活水。

舉例，抽到左述四格漫畫圖：

第一格圖畫，顯示一輛靠站中的公車，公車內有十幾個高中學生、上班族和一位剛上車的老奶奶。

第二格圖畫，顯示公車停在站牌旁，一名高中男學生左肩上側背著兩袋重物，雙手攙扶這位行動不太方便的老奶奶下車。

第三格圖畫，這個高中男學生提著大包小包攙扶這位老奶奶，陪她走在斑馬線上。

第四格圖畫，是一所高中的校門口，一位老師與圖中這個主角高中生對話，畫面呈現老師舉起右手，豎起大拇指的停格畫面。

如何貫串這四格漫畫的情境？演說時首重內容完整，四張圖都要兼顧，不能顧此失彼，不能遺漏一張，內容必須切合主題，演繹完整，舉例能生活化；再來就是內容能具有創意，有獨特見解。

以前述的四格漫畫而言，我們可想像這應是一名高中生的「上學途中」的情境，演說時可採用第一人稱，也可選擇旁觀者的第三人稱。如果選擇第二人稱情境演說，圖畫中的高中生是與我就讀同一所高中的同學，我們可以這樣描述四張圖的情境：

「昨天早上搭公車上學，公車內有十多名高中學生，還有幾個上班族的先生女士，有人假寐休息，有人注視著手機，有些高中生在背英文單字。我則時而望著前方，時而望向窗外發呆。途中，在博愛市場站上來一位拄著拐杖、提著兩袋重物和青菜的老太太，我看見我的同學張譯新從座位走向前攙扶老奶奶，司機大哥很有耐心的等老奶奶坐定位才啓動。」

首段清楚說明第一張圖的時間、地點、人物和情境，讓聽者知道你如何演繹這張圖，為下一張圖鋪陳情境。

「公車經過三站後停在仁愛新村站牌旁，我看見我的同學提著老奶奶的兩包重物，雙手攙扶著奶奶緩緩的走向前門，我有點納悶。司機先生說：『同學，慢慢來，攙扶好奶奶，你認識奶奶嗎？』此時車上的乘客目光聚集在前門，每個人好像都豎起耳朵，仔細聽答案。『不認識。』我的同學說。當下，我看到車上的乘客露出驚訝不解的眼神，而司機大哥卻說：『這個高中生眞是帥啊！』」

第二段以公車司機與高中生的對話鋪陳一段溫馨的畫面，並以司機的一句話，繼續鋪陳第三張圖的情境。

「車子啓動後，我回頭望向路旁的紅磚道，一個高中生攙扶一位老者的畫面映入眼簾，久久無法忘記。這樣的畫面並不多見，尤其是趕著上班上課的尖峰時段，誰可能中途下車去陪伴一位行動不便又提著大包小包的老奶奶呢？何況素昧平生，我想我可能做不到，但我的同學卻能如此博愛。窗外的一幕，眞的稱得上最美麗的風景，而我的同學果眞是司機大哥所說的帥，帥呆了。」

第三段說明第三格圖畫的景象，並說明圖畫中高中生的善行，繼續為第四張圖鋪陳情境。

「我到達學校後，三步併作兩步跑進操場的班級隊伍參加朝會。朝會結束後，我經過學務處，望向校門口，瞥見我的同學張譯新正和學務主任講話，難道主任訓斥他遲到嗎？可是從表情和肢體語言判斷，好像不是，因爲我看到主任舉起右手，豎起大拇指，又拍拍張譯新的肩膀，面露笑容。隔天，朝會時，我聽到學務主任向全校同學說昨天早上接到一通校外人士的電話，告訴學校一位高三同學的善行，主動攙扶和幫助老奶奶上下公車和過馬路，希望學校能公開表揚。當下，我完全了解昨日的情況。」

第四段描述圖畫傳達的深層意義，讓聽者能理解四張圖的來龍去脈和講者演繹的思維。要注意平均分配時間，都要提到每一格的情節內容。切記不要有一格講很多話，一格卻只有一兩句，更不能跳過一格，情節要合理貫串。

講完四格圖畫的情境後，留一些時間結論，務必統整四張圖的脈絡，清楚表達主題和啟示，彰顯情境演說的感悟和省思。例如：上述例子的高中生，讓社會增添一份善意的美；人都會老，面對高齡化社會，我們應能主動體恤和幫助老者，共同營造溫馨的氛圍，這樣才是成功的情境式演說。

情境式演說

項目與時間分配

項目	國中學生組時間	高中學生組時間
就圖片表述	每人限 2 至 3 分鐘	每人限 3 至 4 分鐘
提問	每人均限 2 分鐘	每人均限 2 分鐘

評分標準

評分項目	評分標準
內容完整	內容切合主題，演繹完整，舉例生活化。
表達流暢	口齒清晰流暢，語音正確，用詞精準。
深具創意	思維創新，有獨特見解。
從容自信	態度從容，表情自然，侃侃而談，具說服力。
生動自然	演說生動，肢體動作自然合宜，表現大方自在。
對答如流	依據提問回答自然流暢，言之有物，敏捷流利。
問答	評判委員依其回答情形予以評分。
時間	超過或不足時，每半分鐘扣均一標準分數 1 分。

朗讀，最好的說話練習

練習演說是提升口語表達能力的有效途徑，有兩種類型：

1.「備稿」或「背稿」演說是指事先知道主題，能在幾天前或幾個月前準備好演說稿，或者背好這篇演說稿，賽前即公布題目的背稿演說比賽或一般的專題演說均屬此類。

2.「即席演說」是指上臺前很短時間才知道題目，如語文競賽的即席演說比賽，就是上臺前三十分鐘才抽題目，題目種類繁多，不限定題型，深具挑戰性。另外，在一些典禮或活動中，受邀的貴賓臨時被邀請上臺致詞，也是即席演說，考驗我們是否「胸有點墨」以及臨場反應能力。

一般而言，在臺上表達準備好的演說稿，僅是訓練演說最基本的能力，也是初階過程。進階訓練為即席演說，訓練自己能在短暫的三十分鐘或更短時間內，準備好一篇未知主題的演說稿，然後上臺侃侃而談，如此才有機會出類拔萃，金榜題名，進化為傑出的演說家。

朗讀練習

凡事「豫則立，不豫則廢」，自我訓練演說或報名參加比賽亦然。口齒清晰和語速急緩適中是演說者必備條件，各種類型演說的訓練，就是要求選手每天至少朗讀一篇文章、新聞報導或報紙社論等，藉此蒐集演說的素材，是一種可行的自我訓練方式。

我每天閱讀報紙時，會挑選一兩則新聞或社論作為朗讀素材，想像自己是一名新聞主播在播報新聞，訓練自己朗讀文章或新聞時發音正確、斷句合理、語調音量適宜、不念錯別字等，並且將新聞稿或文章口語化，讓聽者能聽懂朗讀的內容。

朗讀後，請繼續給自己一分鐘，這一分鐘要做什麼呢？整理閱讀文章後的感想，以及播報新聞後的結論，重點放在這一篇文章或這一則新聞評論帶給自己什麼想法？對著鏡子發表約一分鐘的看法。一開始練習大抵不順暢，我建議不要輕易放棄，正如臺灣俗諺語「捷講喙會順，捷做手袂鈍，捷寫才有好議論」，多多練習就對了。

能在競賽中成為翹楚，必是準備充分的選手。平時多朗讀背誦好文章及經典名句，相信在演說時朗朗上口，不擔心上臺吃螺絲或詞不達意。

文章挑選

我非常喜愛九歌出版的余光中老師的散文集《粉絲與知音》的同名散文，因此會特別挑選余光中老師這一篇散文來練習朗讀。文中引經據典，古今對照，中西比較，讀來饒富趣味，釐清粉絲與知音的概念，堪稱極佳的演說稿，因此特別蒐集與整理，成為練習朗讀與演說的好素材。

文中提到「與粉絲相對的，是知音。粉絲是為成名錦上添花；知音，是為寂寞雪中送炭」，這段話簡直是雙軌題「粉絲與知音」最佳破題和註解的文句；「不惜歌者苦，但傷知音稀。粉絲已經夠多了，且待更多的知音」更是「粉絲與知音」最真實最剴切的結論。知音確實難尋啊！有興趣的讀者，可以找來欣賞。

每天朗讀一篇好文章，不僅能賞析作者的見解，更能熟記好文句，訓練口語流暢度，熟稔發出聲音的力度。又如，新冠肺炎疫情期間，新聞報導和評論多，觀點仁智互見，立場不同，切入角度迥異。準備演說的題材，可透過朗讀新聞評論，眼到心到口到，分析思辨新聞評論是否公允客觀。民國一〇九年三月二十二日，新冠肺炎疫情蔓延全球，旅遊觀光業一片慘澹，聯合報直言集記者陳熙文所寫的〈鎖國難鎖人心，防疫先自律〉一文中，讀者可汲取具體肯綮的論點。在朗讀此文時，我會先理解文章的論點，再針對論點和文句，練習那些句子要用語調強調內容的重要性，並在理解吸收後運用在演說稿中。建議讀者閱讀此文，能從中摘取佳句和精闢見解。

如果能持之以恆，不論是散文、評論或新聞報導，都能累積詞彙和論點論據。演說時描述觀點或情境時，才能像源頭活水，詞彙豐富，用語精準，見解獨到。

PART 3

建構多變有趣的內容

活用詩詞・成語・名言佳句

演說和寫作一樣，算是心智之舌，讓我們能暢所欲言，表達思想與情感。因此演說時若要旁徵博引，須善用名言佳句，活化嘉言雋語和俚歌俗諺。嘉言俗諺長留在世，普遍為眾人所知且雅俗共賞的語句，以最簡短精要的文字適切的表達人的意念、思想和情感，若能適時適切放在講稿中，可為講稿增色不少。

巧用詩詞

我曾參加清華大學高中教師清華營的研習活動，第一堂綜合性課程大抵由教務長介紹「水清木華」，描述清華大學的教育目標與發展特色。一般而言，當我們向貴賓介紹學校時，不外乎歷史、環境、組織、發展特色及師生優異表現等。不過，教務長在介紹詞中特別加入絕句，不僅加深觀眾印象，也提升簡報的質感：

◎「尋常一樣窗前月，才有梅花便不同。」以宋朝杜耒的詩呼應清華大學校園的梅花，說明清華獨特的創校精神，也與清華校訓——「自強不息，厚德載物」一貫串。

◎「夜深更飲秋潭水，帶月連星舀一瓢。」以鄭板橋的詩說明彈性選修課程的設計精神。

◎「地冷石階秋菊小，一叢開得兩三花。」以釋永頤的詩，說明清華大學推出繁星計畫的創立精神。

◎「明星在高樹，滿田螢火飛。」以明朝梅鼎祚的詩，說明清華大學以培育什麼樣的人才為教育目標。

◎「願君學長松，慎勿作桃李。受屈不改心，然後知君子。」以李白詩說明清華大學在失業潮來襲時，推出清華心靈發電「場」理念，作為對學生的期許。

◎以宋朝陸游的詩：「名山如高人，豈可久不見」及清朝龔自珍的詩：「萬人叢中一握手，使我衣袖三年香。」說明實施「清華學院」實驗階段的理念，以名人名家示範、導引及擷取世界名校住宿學院的精神，融合成清華大學的特色。

以古典詩句貫串大學辦學育才的理念，製作成海報檔案，行銷學校，確實質感高，是相當獨特的演說表現技巧。

演說時，若能事先了解觀眾的背景，例如：年齡層、專長領域等，在演說稿中適切置入一聽就懂的詩詞，往往能引人會心一笑。因此，我也常將詩句置入演說稿中：

◎「相看兩不厭，只有敬亭山」說明人與環境的關係。

◎「桃花潭水深千尺，不及汪倫送我情」說明朋友情深意重。

◎「繁枝容易紛紛落，嫩蕊商量細細開」說明速成之弊，而應自然生發。

◎「到得前頭山腳盡，堂堂溪水出前村」說明潮流不可擋。

◎「不識廬山真面目，只緣身在此山中」說明當局者迷，旁觀者清。

◎「雛鳳清於老鳳聲」說明長江後浪推前浪，一代新人勝舊人。

◎「隨風潛入夜，潤物細無聲」說明潛移默化的教育成效。

古典詩詞運用得當，就能讓演講內容增添不少色彩。除了可以從經典文學中汲取相關的知識外，現代網路發達，亦能針對不同的主題，搜尋網路各類名言佳句，豐富詞彙。

善用成語

光潤圓滑的四字語法

「成語」，一個民族語文依其文化的長短深淺留下的慣用語句，可能是古人之言，或言簡意賅或深入淺出，或形象鮮明或音調響亮；當然也可能是歷史典故，歷千百年而不衰，而成為慣用語，例如：「出類拔萃」、「始作俑者」、「罄竹難書」、「道聽塗說」、「當仁不讓」、「相濡以沫」、「杯水車薪」等，以簡潔扼要的文字傳達豐富的意涵，使語文的運用達到最好的經濟效益，並且具有畫龍點睛之妙，讓聽眾印象深刻。

確實，成語的簡練工整，能適時將句法節奏收緊，讓說話能有變化而起波瀾，加深聽眾的印象。

成語的雋永

在講稿中引用成語，能增強語言的豐富性與說服力，不但使文句生動趣味，更顯雋永而耐人尋味。

建議讀者要善用成語，誠如余光中老師所言：「在折舊率愈來愈高的時代，最貴的東西是古董，最流行的話卻是成語。」，余老師認為「時光如河，語法如沙，日磨月搓，竟把一切都磨去稜角，只留下光潤圓滑的四字語法，那麼順口又那麼自然，像滿灘的卵石。」

蘊涵哲理的成語典故

成語的典故不只能擴充講稿內涵，更能展現自身文化涵養。比如說「曲突徙薪」的意思是指「防患未然」，意義與「未雨綢繆」相同，典故源自《漢書・霍光傳》：「今論功而請賓，曲突徙薪亡恩澤，焦頭爛額為上客耶？」這段典故可以引用在防災、防火、防震的主題上，也可以說明究竟曲突徙薪比較重要？還是焦頭爛額搶救比較值得尊敬？又如：

◎「道聽而塗說，德之棄也」《論語》。

◎「始作俑者，其無後乎」《孔子・梁惠王上》。

◎「山不厭高，水不厭深，周公吐哺，天下歸心」曹操〈短歌行〉。

此外，成語改編也能表現文學創意，例如：熟悉的成語「燃眉之急」和「肺腑之言」，在二〇二〇年某企業舉辦的創意訊息文學組，由七十八歲的陳蒼多先生以「政府有燃煤之急，人民有肺腑之炎」十四字勇奪訊息文學時事組首獎，將眉改成煤，言改成炎，也是活化成語的創意思考。

前述例子皆可發展成演講稿的材料之一，只要演說者能掌握意涵，必然能觸類旁通、旁徵博引、引經據典，讓講稿擲地有聲。

輔以名言佳句

平日說話，以名言佳句輔助，能產生意想不到的說服效果；若是上臺演說，能針對主題佐以古今中外膾炙人口的名言佳句，更能為演說內容加分，甚至影響或說服他人，如「好朋友，飲水甜」說明好朋友相待，一杯開水、一瓶礦泉水都代表真摯的情誼，不必一定要大魚大肉才能展現誠意，這也可以與「人之相知，貴相知心」相呼應。

名言佳句一經變化，靈活運用，往往令聽者會心一笑，對說者是莫大的鼓勵。以王勃的〈滕王閣序〉最著名的「落霞與孤鶩齊飛，秋水共長天一色」為例，這句話表達如詩如畫的視覺饗宴，構成一幅精采的畫面。準備演說稿時，若能加以套用，遇到社會新聞話題談家庭暴力時，或許可以「拳腳與棍棒齊飛，汗水共淚水一色」描述，加深印象。

同樣的思維，以閩南語演說而言，臺灣的俗諺語蘊藏祖先的生活智慧，算是臺灣閩南語的名言佳句。演說時適切置入，例如：「好話一句若璇石，歹話一句若毒藥」，「璇石」指的是鑽石，閩南語發音的璇石和毒藥，正好押韻，說出時既好聽又富涵義，意思如同「良言一句三冬暖，惡語傷人六月寒」。

重視素材蒐集，快速有效提取

蒐集與整理資料，是撰寫演說稿與豐富演說內容的第一步。平時閱讀報紙、雜誌月刊、圖書、網路、觀察、聊天、沉思等都是獲取素材的重要來源，不論是精讀或瀏覽，或多或少可找到寶貴的資料。在眾多資料中，如何取材和剪裁，如何言簡意賅是一門功夫，要勤加練習，透過經驗掌握訣竅。

蒐羅題材後，無論想精準運用在簡報寫稿寫作、口頭報告或致詞演說、溝通表達，平時建立自己的檔案資料是不可或缺的基本功夫。唯有將蒐集的所有素材分類整理好，才能快速有效提取，並適切的加以運用。

以紙本檔案來說，卡片或筆記本分門別類彙整主題資料，可以讓我們很有效率的完成報告前的準備；以數位檔案而言，利用電腦建立演說題材資料夾，可依個人習慣整理，只要自己看得懂，容易找到所需的資料，就是成功的建檔方法。以下內容，是我平時蒐集資料的類型及應用，提供參考。

歇後語

在修辭學中，歇後語是「藏詞」，把一句話分成兩段表達，是「歇去」、「後半」的「語詞」，後半的語詞才是真正想表達的涵義。不直接明說，以幽默方式呈現前半段語詞，讓聽者根據相關意義與聯想，揣測真正的涵義。

例如：「豬八戒照鏡子」，依據物理學反射定律的邏輯推理，知道後半句「裡外不是人」才是真正的涵義，表達一個人可能身處「夾心餅乾」，怎麼做都不對的無奈。又如「閻羅王貼告示」，後半句「鬼話連篇」才是真正的涵義，評論一個人說得口沫橫飛，卻毫無根據。再如「孔明借箭」，根據邏輯推理和歷史典故，草船借箭的結局是「滿載而歸」；「胖子觸電」推論是「肉麻」；「關公喝酒」是「面不改色」。

有一種歇後語是採用諧音與雙關語，例如：「孕婦走獨木橋」，畫面呈現孕婦「挺兒走在獨木橋的險境中」，是「挺兒走險」，因此真正涵義是「鋌而走險」，說明一個人明知道是危險的行動，卻仍要走一遭。又如「紙糊的猢猻」，這是什麼？是假的猩猩，因此雙關語涵義是「假惺惺」，此與臺灣閩南語的「六月芥菜假有心」相通，詮釋虛情假意，有異曲同工之妙。

其他採用藏尾格形式呈現的歇後語，則略舉數例提供參考，有興趣的讀者可上圖書館或網路搜尋：

◎關公面前耍大刀（不自量力）。

◎周瑜取荊州（賠了夫人又折兵）。

◎劉姥姥進大觀園（大開眼界）。

◎八仙過海（各顯神通）。

◎狗咬呂洞賓（不識好人心）。

◎泥菩薩過江（自身難保）。

◎鐵樹開花（難得）。

◎千里送鵝毛（禮輕情意重）。

◎包公審案（鐵面無私）。

◎姜太公釣魚（願者上鉤）。

◎阿婆仔生囝——真拚（閩南語俗語，意思是指很困難）。

簡潔易記的標題・短句

演說時，為了凸顯重點，可利用「下標題」或簡潔好記的短句，加深聽眾的印象，例如：「三度」（準度、速度、彎度）或「三風」（臺風、麥克風、嘴角吹風）——講臺上的表達藝術，或英文單字、英文縮寫（如AIDS）等。戲法人人會變，個人巧妙不同，運用之妙，存乎一心，以下舉幾例提供讀者參考：

◎A（Attention），最能引起觀眾注意的議題；I（Interest），最能引起觀眾興趣的評析；D（Desire），最能引起觀眾慾望的內容；S（Stir），最能引起觀眾行動的作法。

◎「把孩子磨大，把自己磨老。」父母養兒育女的感性用語，告訴聽眾「歲月是雕刻師」。

◎「沒有任何法律可讓懶惰的人勤勞，讓奢侈的人節儉，讓酒醉的人清醒。」說明自律的重要性。

◎證嚴法師語：「每個人都能縮小時，大家的空間就變大了。」說明有容人的雅量，世界便能更和諧。

◎「價廉未必貨色差，暢銷未必內容好。讀書、選書的原則應該是『興趣』。」說明讀書和選書的原則視每個人的興趣而不同。

◎「勝固欣然，敗亦可喜。不以物喜、不以己悲。」說明以健康的心態看待成敗。

◎「世界並不缺少美，而是缺少發現。」說明只要肯用心尋找，就會發現人間處處有美景。

◎「益者三友，有讀，有回，有按讚。」改編自論語，益者三友，友直，友諒，友多聞。行動創作獎得獎作品。

◎「垂死病中驚坐起，我的手機在哪裡？」改編元稹詩，垂死病中驚坐起，暗風吹雨入寒窗。行動創作獎得獎作品。

◎「古人隱居待深山，今人隱居關手機。」說明今昔人與人聯絡的差別。行動創作獎得獎作品。

◎「過去日記要上鎖，現在日記要上傳。」說明對生活記錄的概念，今昔不同。聯合報繽紛版作品。

詩詞蒐羅

經典詩詞朗朗上口

「工欲善其事，必先利其器」，口語表達時，千言萬語不如名句在口。如果能將詩句適當的安排在談話中，不拖泥帶水，相信能提升說話的質感，塑造個人風格。

我建議準備喜愛的古典詩詞適時用在講稿中，例如：白居易〈對酒詩〉：「蝸牛角上爭何事？石火光中寄此身。隨富隨貧且歡樂，不開口笑是癡人。」簡明扼要表達「我們的一生很短暫，如同石頭相撞發出的瞬間火光，剎那間消失。不論貧窮富貴，何妨敞開胸襟，盡情愉悅歡笑。」以詩句傳達演說者的看法，能提升演說的境界和層次。以下再提供幾例參考：

◎「昨夜江邊春水生，艨艟巨艦一毛輕。向來枉費推移力，此日中流自在行。」（朱熹〈觀書有感二〉）——說明創作需要基本功，才能熟能生巧，駕馭自如。

◎「洛陽親友如相問，一片冰心在玉壺。」（王昌齡〈芙蓉樓送辛漸〉）——耐人尋味的寫出詩人被貶的愁緒與心情。

◎「一派青山景色幽，前人田地後人收；後人收得休歡喜，還有收人在後頭。」（范仲淹〈書扇示門人〉）——說明承先啟後，繼續努力。

◎「此曲只應天上有，人間能得幾回聞？」（杜甫〈贈花卿〉）——說明音樂的美妙。

◎「結廬在人境，而無車馬喧。問君何能爾？心遠地自偏。」（陶淵明〈飲酒二十首〉）——說明人的想法或心境會影響自己的行為。

◎「繁枝容易紛紛落，嫩蕊商量細細開。」（杜甫〈江畔獨步尋花七絕句〉）——說明「慢工出細活」。

◎「十年磨一劍，霜刃未曾試。」（賈島〈劍客〉）——以劍喻才，說明一個人多年沉潛用功，才高志大，身懷絕技，希望有機會發揮長才。

創意詩詞、典故改寫

新冠肺炎疫情是演說比賽的必備主題，題目不外乎「新冠肺炎疫情的啟示」、「我對新冠肺炎疫情的觀察與學習」、「從新冠肺炎疫情談學校教育」、「如何落實防疫新生活」等。

「**人生得疫須禁歡**」是成語詩詞創新應用首獎作品，作者張澄月將李白的「將進酒」名句「人生得意須盡歡」改兩個字，即成為時空和意義皆不同的情境。她表示，新冠肺炎疫情爆發後改變許多人的生活習慣，跟「將進酒」形成強烈對比，這七字記錄防疫生活的無奈，也在苦悶中自我解嘲。

「**口無遮，攔！**」改編自口無遮攔，說明口罩在疫情中扮演重要的角色；「**國與國的距離是廿八天**」點出疫情剛爆發時，出國與回國皆須居家隔離或住房疫旅館十四天。前述這些都是二〇二〇年行動創作獎得獎作品，以簡練精準的成語詩詞改編或重新創作，呼應疫情下的世界，令人莞爾。

新冠肺炎疫情爆發後，全球受到病毒肆虐情況不一，歐美防疫的態度與東亞不同，對於戴不戴口罩，認知和文化的差異頗大。因此買口罩、酒精消毒、勤洗手、確診、封城、接種疫苗等，都是民眾溝通交流的話題，更是新聞媒體報導的重點。

在二〇二〇年二月全球疫情嚴峻而緊繃的初期，網友改寫李後主的〈虞美人〉：「新冠肺炎何時了？陽性知多少？小城昨夜又被封，京城不堪回首月明中。口罩酒精應猶在，只是不好買。問君能有幾多愁？最怕發燒確診被扣留。」

二〇二一年五月，臺北、新北市的雙北疫情嚴峻而緊繃時，網友再度改編〈虞美人〉：「校正回歸何時了？染疫知多少？雙城昨夜又起風，民眾不堪回首警戒中。良知百姓應猶在，只是性難改。人民能有幾多愁？只有滿眶眼淚向下流。」

當然在疫情期間，也有令人會心一笑的「神」對話：

玉皇大帝召集眾神商討如何幫助臺灣度過新冠病毒肆虐的難關，大帝環顧眾神，點名說：「怎麼還沒看到四面佛呢？」

眾神中傳來回應：「四面佛還在等口罩，出不了門，因爲一次只能領三個，還少一個。」

大帝又問：「千手觀音也未到。怎麼了？」

眾神中有神回覆：「他還在洗手，洗好手才能參加會議。」

前述這些創意文句改寫的例子、內容，可說是疫情期間宣導戴口罩、勤洗手的神對話。讀者不妨也可以自己試試，練習改寫生活時事。

其他取自行動創作獎得獎作品，結合現代生活的隨想，簡潔幽默的語句，值得我們賞析、應用與模仿：

「手機在我旁，不覺在他鄉」、「古今多少事，都在維基中」、「不知老之將至，原來早已失智」、「政府畫餅，人民充飢」。

蒐集專業報導及新聞資料

蘇軾有言：「博觀而約取，厚積而薄發。」透過閱讀和思考培養觀察力，才能言之有物。唯有演說的「內容」好，才能讓人印象深刻，包含見解、結構、語詞等。

平時可多和師長、親友分享發人深省的文章，討論時事新聞，並針對閱讀過的內容，探討可放在哪一類主題，以及如何安置在講稿中；再透過分享與討論觸類旁通，激發更多新穎的講稿素材，這樣就能在即席演說中端出各式各樣的佳餚美味，讓聽者耳目一新，亦能舒緩參加競賽的壓力，增強上臺的信心。

舉例說，重要科學研究成果、諾貝爾獎、金曲獎或金鐘獎頒獎典禮、國內外地震、颱風颶風、旱災水災、世界盃足球賽及新冠肺炎疫情、四年一次的奧運等報導與評論都可成為「源頭活水」的題材，教師透過「讀報教育」讓選手增廣見聞，享受讀報的愉悅。

再如，談到「築夢與圓夢」，曾獲選美國職棒明星賽的郭泓志、世界麵包大師賽冠軍吳寶春、國際知名服裝設計師吳季剛等，他們成功背後的奮鬥歷程就是很好的題材。運動員築夢、圓夢的例子很多，陳金鋒、王建民、陳偉殷、林子偉、王柏融等旅外棒球好手都是適切的例子。

若談到「行善」，如陳樹菊、趙文正、莊珠玉女、張秀雄等，也有很好的故事背景可以發揮。趙文正先生被媒體稱為「男生版陳樹菊」；莊珠玉女奶奶被稱為「十元便當奶奶」；榮獲交通部金路獎的張秀雄先生被媒體稱為「反光鏡菩薩」，這些亦是很好的題材。

然而，面對不斷湧現的海量資訊，該怎麼篩選材料，找到演說稿的重點，表達個人的觀點或感悟呢？需要注意的是，演說題材除了要切合題目之外，亦強調舉例上的新鮮感，尤其是比賽類型的評分，更強調題材能推陳出新，讓評審委員感到一新耳目，給予高評價的分數。蒐集資料後需要完全消化，演說時才會生動有趣，五十秒內說完一則舉例，扣題準確，才能讓人印象深刻，而不會覺得冗長。以下是我蒐集整理的部分資料，供讀者準備演說時參酌。

專業與敬業——氣象主播任立渝

撰寫演說稿往往遇到需要以人物為例的論證，例如：題目是「專業與敬業」，勢必要舉例，否則光論述卻無例證，顯然無說服力。例子應該很多，但最好是別人沒說過，又具有說服力的人物。

二〇二一年六月一日從新聞媒體正式退休的氣象主播任立渝先生，可說是「專業與敬業」的代表人物。「我是看任立渝氣象報告長大的。」或許是很多人想說的話吧！

播報時使用樸實精準的用詞，為觀眾播報氣象帶來溫暖安定的力量，這是專業；無數個颱風天夜宿公司的任立渝，為播報更精準的整點新聞和颱風動態，顯現敬業的一面。此外，任立渝對於自己不熟的領域不輕易涉及，有一次新聞部主管請他分析地震情況，他因自己非地震專業背景而婉拒，說明術業有專攻。

我與任立渝先生有數面之緣，幾次帶北一女學生到中央氣象局校外教學參訪，讓學生了解人造衛星環繞地球的物理原理，以及人造衛星與氣象預報的關係時，巧遇任先生。任先生和藹可親和專業解答大氣科學問題，至今印象深刻。

讀者蒐集材料時，多關注新聞報導，就能找到更多具有說服力的專業與敬業的題材。

讓路於蝶、讓道於蟹——生態保育的議題

就語文競賽的演說項目而言，「生態保育」的主題常出現在命題中。不論是紫斑蝶遷徙、黑面琵鷺棲息等，都是值得關注的議題。

準備生態保育的演說稿，不能空談，不可胡謅，必須查詢政府部門相關法令和政策，例如：為執行《野生動物保育法》，政府農委會公告保育類野生動物名錄，邀集各專家學者共同研議，依據各物種的族群數量，區分保育動物的等級，如「瀕臨絕種」、「珍貴稀有」及「其他應予保育」等三大類，

並落實保護臺灣黑熊、石虎、草鴞、水獺、豎琴蛙、穿山甲等瀕臨絕種保育類野生動物。

演說者要熟讀資料、熟悉政府法令規定，才能正確傳達訊息。以下舉例「讓道於蟹」的一小段演說稿：

每年四到五月，高速公路管理局會把中部一部分路段彈性封閉，爲的是讓紫斑蝶不再撞到行駛中的汽車，能平安回到自己的棲息地；墾丁國家公園管理處也在每年八至十月，每週兩個晚上八到十點，將墾丁香蕉灣部分公路封閉，爲的是想幫助陸蟹順利到海邊產卵，免於慘死輪下。

政府「讓路於蝶」、「讓道於蟹」的做法，正好呼應孔子的理念：「釣而不綱，弋不射宿」以及孟子的「數罟不入洿池，魚鱉不可勝食」、「斧斤以時入山林，林木不可勝用」的生態保育觀念。

關懷大自然的生物，我們做得到。

除了能從臺灣的新聞報導和實際做法討論生態保育外，也可以從噪音汙染或光汙染切入。例如：研究發現，自然界的聲音正逐漸被人類活動產生的噪音淹沒。自然界的聲音對動物的生存影響甚鉅，科學家呼籲，人類的噪音汙染正傷害海洋生物，包括破壞海洋動物繁殖、覓食甚至逃避捕食者的能力。科學家表示，噪音對海洋生物造成的影響與過度捕撈和氣候危機一樣嚴重，人類活動和經濟開發產生的噪音，不僅破壞大自然，也提升動物躲避掠食者的難度，鳥類更不容易找到伴侶而繁殖下一代。

除了噪音汙染會影響生態，傳遞能量的光，同樣也會影響生態。光太亮，照射時間太長，一樣影響生態保育。光汙染對生態的影響，在於日照時間加長、黑夜時間縮短，會嚴重影響生物覓食、交配時間、生長速度和成長進程，進而影響與其相關的其他生物，例如：一些植物的花變得更早綻放，種子過早形成，難以在合適的天氣發芽；夜間被照亮，使一些利用微弱環境光捕獵的獵食性動物，更易捕獲獵物，捕食者與獵物之間的平衡因而被破壞；以月光導航的昆蟲，如飛蛾和甲蟲等，會誤以為燈光是月亮，撲向燈光後，被灼傷而死亡。

聲音汙染、光汙染對生態的影響是生態保育的重要議題，其他像是海洋垃圾危機、地球暖化加速、地球表面溫度升高、珊瑚白化等，都是近年來很熱門的探討內容，亦可蒐集資料建立檔案。

因了解而寬容——認識妥瑞氏症

近幾年報紙刊登罹患妥瑞氏症的中小學生的相關新聞，有令人遺憾的悲劇，也有讀來感到溫馨的結局。

二〇二〇年三月，南投一名國中生遭同學刺死，死者父親悲慟發文：「兒子患有妥瑞氏症，從小被嘲笑，並非故意挑釁同學，新聞記者不清楚情況，誤導讀者，把兒子汙名化。」網友看完發文後留言：「看了很難過」、「希望大家能多了解妥瑞氏症，多了解、多宣傳，也許能避免發生類似的憾事。」

一名罹患妥瑞氏症的女孩在捷運列車上出現症狀，被一旁的老伯誤會，儘管她解釋自己的病症，但老伯仍對她大聲咆哮，幸好車上有一位了解此症狀的乘客及時解釋，並保護她，才化解尷尬。

一名就讀基隆某國小的六年級學生，從小患有妥瑞氏症，在接納自己，克服障礙後，成為校內重要集會活動的司儀，獲得基隆市語文競賽小學生組國語演說項目特優。他不自卑，在演講中大方的說自己五歲時，頭會不自覺搖擺，或不斷清喉嚨發出聲音，爸媽驚覺有異，帶他看醫生，診斷患有妥瑞氏症。他並未受挫自卑，依醫師指示按時服藥，主動運動，釋放體內多巴胺，讓身體舒緩，不斷努力，目前已經稍微抑制。

這個小朋友在全市模範生頒獎典禮後對記者表示，雖然患有妥瑞氏症，但並不會覺得跟其他人不同，他說，只要做好該做的事就夠了，也很慶幸自己的症狀比較輕微，不會嚴重到被霸凌，但時常在新聞報導中看到妥瑞氏症患者被欺負，感到很不捨，因此決定深入研究，讓身邊的同儕更了解這個病症，呼籲大家要體諒、關懷妥瑞患者，也很謝謝老師和同學的寬容。

什麼是妥瑞氏症？根據了解，妥瑞氏症患者會不受自主控制，發出清喉嚨的聲音或聳肩、搖頭晃腦等，本身並非故意或習慣性做出這些動作，其症狀乃肇因於腦內多巴胺不平衡所致。

演講有關人際相處的主題，一般會提到人與人之間的了解和寬容，如果能在演講內容中安排專業主題如妥瑞氏症，可以深化演說稿內容，也能使聽者增廣見聞，增加講稿的可聽性。有關妥瑞氏症的資料，讀者們則可以善用網路，至特殊教育、各校輔導室、中西醫治療妥瑞症等相關網站查詢，更深入了解這個病症的知識。

再回顧前面提到的新聞報導，發生在南投的悲劇，如果同學們能了解妥瑞氏症，或許就不會看到報紙刊登的遺憾；記者也能因為了解妥瑞氏症，有更多深入的探討，甚至在報導中分析，為讀者開一扇窗，介紹妥瑞氏症的特徵。

如果捷運列車上的老伯能了解妥瑞氏症，相信他不會對女孩咆哮。如果能了解妥瑞氏症，我們會豎起大拇指讚美，為這位克服困境、獲得國語演說比賽特優的基隆小朋友按讚。當我們因了解而多一些寬容和愛心，社會會更溫馨。

誠信的故事

二〇二〇年媒體報導一則社會新聞：

雲林縣一個家境不寬裕的林姓國小女童，幫父母賣碗粿，上網公告「買十碗碗粿送一條蘿蔔糕」，誤植「買一碗碗粿送一條蘿蔔糕」的促銷訊息。「買碗粿送蘿蔔糕」？蘿蔔糕的價錢比碗粿高，看訊息就知道寫錯了，不可能是促銷，否則將嚴重虧本。然而，訂單卻依然紛紛湧進，小女孩的父親認為即使賠本也要賣，並藉此讓女兒了解「誠信」的重要。

誠信、重然諾，在現今的社會，有人認爲空谷足音，即使握有最多資源、權力大的政治人物，都未必能誠信待人，甚至視誠信如敝屣，格局不如雲林的碗粿小販。

或許「德不孤，必有鄰」。當小女孩的父親為實現諾言，虧本照賣，教導女兒誠信的新聞披露後，獲得不少網友、社會人士和企業老闆按讚，並以行動支持林父的身教言教，表示希望能按照原先正確的標價購得碗粿和蘿蔔糕，與朋友、員工和同事一起分享古早味美食。儘管假新聞偽訊息充斥，臺灣人仍以誠信為貴，社會仍充滿溫情。

這一則新聞報導運用在「誠信」的主題上，具有說服力。若放在第一段，又能搭配緩急高低的語速語調，演說效果會特別好。

強調數據的說服力

演說時，能適時適切引入數據，是一種論述的技巧，往往能具體呈現問題的嚴重性，增強說服力，比喊口號「這是一個很嚴重的問題，我們一定要重視，要團結面對」來得有力道。

例如：新冠肺炎病毒肆虐的二〇二〇年，自當年的一月到十二月，全球確診累計了多少人，因新冠肺炎而過世又累計了多少人，這些數據顯現出疫情的嚴重性，若能以臺灣的人口數做為比較的單位，例如：數據轉換成「全球罹患新冠肺炎的人數，統計至某年某月為止，是臺灣人口的N倍，因新冠肺炎死亡的人數則約為臺北市人口的N倍」，這樣的倍數關係和描述法，可以讓聽眾更有感覺，更清楚理解新冠肺炎疫情的嚴重性，也能因此配合防疫工作，勤洗手、戴口罩、保持社交距離等。

又如二〇二一年五月中，臺灣爆發新冠肺炎確診人數激增的現象，引起群聚感染的恐慌，教育部宣布中小學停課不停學的應變作法，這段長達一個月不到學校上課的期間，中央疫情指揮中心每日下午發布當日確診資料，包含「校正回歸」數據及統計圖表，即是疫情嚴峻或緩和的最佳說明，也是教育部宣布應變措施的考量依據。在談到疫情對學習和教育的影響時，適當引用數據可有效幫助闡述主題。即使二〇二二年三月至九月上旬，新冠病毒變種株仍然變變變，每天確診人數從千到萬，新聞時事紛至沓來，防疫政策和議題搏版面，臉書書寫確診經過以討拍慰藉等，這些成為日常的事件，也是講稿和創作的素材。

至於前述提到的環保議題，呼應到演說的「節約用水」、「環境保護」等主題，這些重要議題的相關數據，每隔幾年會有不同的變化，因此平時應注意新聞報導或雜誌專題等。亦可至政府機關網站，如環保署查詢有關環保議題的參考數計資料，以下為環保署統計數據：

◎根據環保署統計，臺灣人飲用瓶裝飲料，每年用掉四十六億支寶特瓶，平均每人每年喝掉二百瓶，串起這些寶特瓶，可以環繞臺灣二百二十三圈，繞整個地球六點三圈。

◎臺灣人浪費水，平均每人每日用水量比國際標準值高出四十一公升，相當於全民每年浪費掉一座半的座石門水庫。

◎臺灣每年製造五百六十八萬噸的垃圾，驚人的垃圾量等於一萬零七百棟的臺北 101 大樓。

◎臺灣一天用掉一千萬雙竹筷子，相當於一天要砍掉五千棵竹子。

引用數據前，必須多方查證資料來源和可信度，前述的結果僅是舉例，以提供讀者在查證、蒐集更新研究資料時有個方向，另外，也能看看是否有國內外的論文佐證。數據資料更新快速，論據論證也可能推陳出新，這是學習準備演說稿期間最大的收穫。

看電影學演說

欣賞一部好電影就是閱讀一本好書，電影的情節或對話，可能就是我們演說稿內容的主軸。「我最喜愛的一部電影」是中小學生參加語文競賽必備的演說題目，沒看過電影，想講得具體感人，誠然不易，因為親眼看過畫面、情節和對話的電影，敘述才能吸引人。

談談二〇二一年的奧斯卡金像獎得獎作品《游牧人生》。為何舉電影《游牧人生》為例？新鮮感是其中原因之一，其二是這部電影讓演說者有話可說。《游牧人生》是華人導演趙婷的經典作品，影片融合紀錄片的紀實與劇情片的敘述手法，記敘主角歷經老年喪夫，工廠倒閉、失去工作，被迫以車為家到處遷徙，扮演臨時工人，掙取微薄收入，認識志同道合的游牧族群，徜徉大自然，擺脫社會體制的桎梏，找到純真自然，因而熱愛生命，相互關照和協助。深刻的省思資本主義社會體制中的個體生命，寫實中流露真摯情感。觀賞《游牧人生》，如同閱讀一個人溫厚真摯的情感，以及思考主角在旅程中的種種體悟。

其他電影如《電流大戰》、《奇蹟男孩》、《關鍵少數》、《模仿遊戲》、《飛越奇蹟》、《高級實習生》、《三個傻瓜》、《科學少女》等，都具有鮮明的主題和勵志的故事，在深入了解電影的相關介紹後，就可以成為吸引力十足的演說稿題材，以下將簡單介紹幾部我很喜歡的電影：

《奇蹟男孩》是一部勵志電影，可以談學校教育和家庭教育對孩子的影響，也是特殊教育和科學教育可以延伸論述的電影。看過這部電影的讀者，若能加以整合詮釋，相信撰寫成一篇夾敘夾議的演說稿，必定能論述具有說服力、敘述具有吸引力、抒情具有感染力。

《飛越奇蹟》取材英國冬季奧運跳臺滑雪名將的追夢故事，描述主角對參加奧運夢想的執著，以及受他人嘲諷卻堅持不懈，印證鍥而不捨金石可鏤，既催淚又勵志，拍片手法細膩，演員演技到位，是撼動人心的一部影片，適合做為「我最喜歡的一部電影」或「堅持與放棄」等題目的主軸。

《關鍵少數》獲得奧斯卡金像獎最佳影片，真人真事改編，描述三位非裔女性數學家在美國太空總署NASA的奮鬥故事，突破性別、膚色和種族的困境，成功完成規劃人類首度在太空繞行地球軌道的艱難任務。

儘管電影情節與歷史或小說內容未必完全契合，電影總有其戲劇效果的考量，難免有些是編劇的想像和導演的誇飾，但是我們總能從中獲得省思，豐富我們的知識，拓廣思維。

趣味小故事

簡短有趣的小故事常有畫龍點睛的效果，適合當作演說開頭的引言以吸引聽眾注意，例如：

有一個終日鬱鬱寡歡的人，四處尋找快樂的祕方。有一天，他聽到充滿快樂的歌聲，來自於一位正在犁田的農夫。便問道：「你一直都這麼快樂嗎？」農夫說：「我年輕時常常爲了沒有鞋子而不快樂，直到有一天在街上遇到一個沒有腳的人。」

簡短的對話淺顯易懂，點出知足常樂。因此多蒐集整理觀眾愛聽的小故事，是演說準備重要的過程。以下蒐集和收錄的例子提供讀者參考。

改變世界的「蘋果」

如大家耳熟能詳的「蘋果」，讀者會聯想到什麼？

幾年前網路出現這一段話：「三顆蘋果改變全世界：亞當的蘋果、牛頓的蘋果和賈伯斯的蘋果。」說得真好，蘋果確實改變世界，不同的蘋果改變不同的年代，塑造不同的世界樣貌。

第一顆蘋果是神話和比喻，是撒旦引誘夏娃吃下的蘋果，讓人類具有智慧；第二顆蘋果是牛頓回老家避鼠疫期間，砸在他頭上的蘋果，這顆蘋果啟發牛頓，讓人類了解重力的奧妙；第三顆蘋果是賈伯斯的蘋果，引領現代科技的發展，改變人與計算機之間的介面，迎接「天涯若比鄰」的網路世界。

以上三顆蘋果，不只帶出既豐富又有深度的故事，還可以繼續延伸和闡述，成為演說稿引人注目的好題材。

秀才解夢——正向思考

演說時，舉例最能說明論點，若是講者親身經驗，可增加說服力和吸引力。然而，若是比賽時抽到的題目，自己無相關的親身體驗，也許需要從資料庫找尋可以闡述講題的小故事，或是需要自創故事。例如：抽到有關「正向思考」這類積極正向的題目時，就能以下述小故事吸引評判委員和觀眾的注意：

有一個秀才進京趕考，在客棧的當晚，夢見自己在牆壁上種白菜，又夢見自己在下雨天穿雨衣、戴斗笠撐傘，最後夢見與美女背對背躺在床上。

他百思不解，天亮後求見解夢人。解夢的先生說：

「在牆壁上種白菜，白種啦！下雨天穿雨衣、戴斗笠撐傘，多此一舉啦！與美女背對背躺在床上，甭想了！公子別應考了，沒希望。」

秀才垂頭喪氣的回到客棧，收拾行李準備回鄉。客棧主人問他怎麼一回事，他一五一十說出原委。客棧主人聽完，拍拍秀才的肩膀說：

「在牆壁上種白菜，高種，高中啦！下雨天穿雨衣、戴斗笠撐傘，有備無患啦！與美女背對背躺在床上，該翻身啦！我看公子應是金榜題名，魚躍龍門。」

這樣的故事是不是很有趣？有對話有隱喻，適切放入講稿中，以生動的語調，清晰的發音告訴觀眾，同樣的夢有不同的觀點，端看從光明面還是消極面切入解讀。

類似的小故事則有——阿婆有兩個女兒，一個賣傘，一個曬麵線。下雨天或晴天，阿婆各有煩惱，就看從哪一個女兒的角度思考，才會讓自己心情愉快。

「半杯水」觀點，是「只剩」半杯，還是「還有」半杯。故事的含義在於千萬別作繭自縛或畫地自限，人生有無限可能。

趣聞軼事

看過一則「有品運動」的教育新聞，闡述「做人有品德，做事有品質，生活有品味」。閱讀類似的新聞時，除了關心「有品」議題外，更應主動積極開拓與「有品」相關的題材。

例如：談到「做人有品德」，誠實守信用是「做人有品德」的基本體現。以耳熟能詳的「華盛頓砍櫻桃樹」而言，雖然說明誠實的可貴，但故事稍嫌陳腔濫調，對聽者沒有新鮮感，因此需要多蒐集大多數人沒聽過的例子，才能引人入勝。

以下例子取材和改寫自《警世通言》，是我很喜歡的故事，為具有科學探索的極短篇，在此提供參考。我在演說時會視時間長短與主題性質，靈活運用。只要熟練，一定可以說得妙趣橫生，表達效果十足。

長江中峽水還是下峽水

宋朝王安石擔任宰相時，蘇東坡被貶到黃州擔任團練副使，出發前蘇東坡向王安石辭別，王安石請他幫忙帶回長江三峽的中峽水回來煮茶。

三峽兩岸重巒疊嶂，隱天蔽日。當蘇東坡返回京城，一路乘著水勢，一瀉千里，因連日鞍馬困倦，不覺睡去，醒來時，已過中峽到下峽。蘇東坡猛然想起王安石的吩咐，趕緊央求船夫回頭，船夫說江水湍急，不可行。蘇東坡心裡想，三峽相連，下峽與中峽水都是好水，王安石何必膠柱鼓瑟，一定要中峽水？」於是裝了下峽水送回京城。

回到京城，蘇東坡帶著長江水拜見王安石，王安石囑咐汲水烹煮陽羨茶，茶色過了一陣子才出現，王安石臉上不悦，質問蘇東坡：「這是長江中峽的水嗎？」蘇東坡答稱：「正是。」王安石再問一次：「這眞的是中峽的水？」蘇東坡斬釘截鐵的說：「正是中峽的水。」王安石笑一笑說：「蘇學士又來欺騙老夫，此乃下峽水。」滿腹經綸的蘇東坡一時窘態畢露，不再硬拗，問道：「這確實是下峽的水，荊公如何辨別？」王安石說：「讀書人宜細心察理。長江水性，出於水經補注，上峽太急，下峽太緩，惟中峽緩急相半。上峽水煮茶味濃，下峽水味淡，中峽水濃淡適宜，今見茶色半晌方現，故知是下峽水。」

前述故事運用在「誠實」的主題，有畫面，有對話，相當有說服力。

下一則有關蘇東坡的趣聞，說明「做人宜謙卑，不宜自以為是，把話說得太滿」，值得讀者玩味再三。

菊花落瓣否

王安石擔任宰相時，有一回，蘇東坡拜見王安石，王安石不在。蘇東坡見書桌一方端硯上，餘墨未乾，端硯下壓著一首未完成的詩，題爲〈詠菊〉：「西風昨夜過園林，吹落黃花滿地金。」

蘇東坡暗自嘲笑王安石江郎才盡：「西風就是秋風，黃花乃菊花，菊花開於深秋，最能與秋霜鏖戰，即使焦乾枯爛，並不落辦，說『吹落黃花滿地金』，豈不是大錯特錯？」於是興致一來，執筆蘸墨，依韻寫上二句：「秋花不比黃花落，說與詩人仔細吟。」寫完離開。王安石返家，定睛一看，續詩二句是蘇東坡的字跡，心裡想：「蘇軾才疏識淺，輕薄之性未改，居然譏訕老夫，需到黃州體驗，目睹菊花落瓣。」

後來蘇東坡被貶到黃州。深秋時分，他到後園賞菊，只見菊花棚下滿地鋪金，當下醍醐灌頂，原來王安石要他看菊花落瓣。

古人說：「廣知世事休開口，縱會人前只點頭；假若連頭俱不點，一生無惱亦無愁。」學富五車的蘇東坡尚且有誤，何況平凡如我輩。「經一事，長一智」啊！

自我訓練演說的過程，透過閱讀而蒐集題材，不可或缺，我們必須消化和剪裁，才不會太冗長。讀者應把握一原則，說故事不能太冗長，精簡、有畫面、有主旨，是最好的表達方式。

旅遊參訪

元朝翁森〈四時讀書樂〉提及「好鳥枝頭亦朋友，落花水面皆文章」，宋朝辛棄疾〈賀新郎甚矣・吾衰矣〉名句「我見青山多嫵媚，料青山見我應如是。」闡述個人觀察大自然的心境與感悟。從旅遊參訪中蒐集說話的素材，是相當好的體驗，在說話、致詞或課堂報告中融入自己的旅遊經驗，最能觸動人心。

不論是國內國外的旅遊或參訪，我必隨身攜帶筆記本，發揮筆記功能——記載所見、所聞與所感，成為說話的絕佳題材。我以自己的三則記載為例：

遇見風花雪月

那是一次難忘的雲南之旅。

「少長咸集，群賢畢至」，阮教授在桃園機場登機前形容我們這一群前進雲南大理的教師參訪團。

提到大理，聯想到凌波微步「動無常則，若危若安；靜止難期，若往若還」的段譽，想到金庸筆下的大理國，想到洱海和點蒼山，想到白族「三道茶」。

進入大理境內，地陪李莉一身白族的打扮，展現白族女人溫柔婉約的特色，雖然她自我解嘲地陪工作「吃得比豬差、起得比雞早、回家比賊晚、睡得比小姐少」，然而我們看到的是精神奕奕而充滿專業與熱情的地陪。

李莉引領我們體驗大理四絕景奇觀——「風花雪月」，也就是「下關風、上關花、蒼山雪、洱海月」，果然名不虛傳。下關被譽爲「風城」，風速可達八級以上，狂風怒號，行人逆風舉步維艱，當地人以「風吹進門把地掃」來形容下關風的威力。點蒼山雲弄峰下的三塘溪，四周山坡綠草如茵，山花爛漫，陽光將繁花似錦的山坡投影在清澈的溪水，彷若多彩霓虹，是謂上關花。蒼山之巔，積雪終年不化，旭日東升，霞光映照雪峰，璀璨奪目，即使六月末，也是炎天赤日雪不融。與「蒼山雪」同領風騷的是「洱海月」，皓月當空下，望向洱海，我們看到月華如洗，映照在靜謐的湖面。

來到大理當然不能錯過品嘗白族「三道茶」，搭配白族風情的歌舞節目，我們啜飲「一苦二甜三回味」的「苦茶、甜茶、回味茶」時，也體驗人生的歷程。

以上是參訪雲南的一段筆記，作為旅遊主題的材料。旅遊就是一種閱讀的形式，行萬里路，讀萬卷書。旅遊的寫作素材，大抵包含外在的景觀、內在的感悟和觸動，並閱讀當地景點的歷史和文化，甚至延伸的文學和科學，因此分享有關「最難忘的一次旅遊」等主題時，親身旅遊經驗必然比閱讀一本書之後的分享，更深刻更動人，語言更貼切而豐富。

如果能帶一本與當地歷史文化有關的書籍旅行，等於雙重閱讀，更能印證書中所寫的情境和描述，是否「於我心有戚戚」，深得我心，獲得共鳴。

沈從文故居——鳳凰古城

行萬里路，讀萬卷書。旅行是閱讀與書寫。

離開張家界市後，我們驅車前往沈從文的故居——鳳凰古城。途中停留一景點，這是古華長篇小說裡的芙蓉鎮（王村），也是掛在瀑布上的千年土家古鎮，一個令人發思古之幽情的小鎮。在這裡我們踏尋劉曉慶拍電影的足跡，探訪苗族歌唱家宋祖英高亢清亮的歌聲，尋找八百年前土司王朝的雪泥鴻爪，遇見千年石板街的吊腳樓。這裡是土家族的發祥地，是土司王的定都地。我們在此化身爲古代人，穿上古裝，手拿著搖扇附庸風雅。

自古以來，「民以食爲天」，談到「飲食」，「辣」是湖南的代名詞，幾乎湖南的珍饈佳肴就是要「辣」。這裡流傳一段很傳神的俗話：「四川不怕辣，貴州辣不怕，湖南怕不辣。」

今天在芙蓉鎮用過「天下第一螺」風味午餐，我們領教「湖南怕不辣」，果然名不虛傳。「天下第一螺」可是芙蓉鎮的第一大名菜，也是芙蓉鎮旅遊飲食業創始人周耀文的最佳創意和店名，口味道地，遠近馳名，套一句時下的語言：「生意紅火得不得了。」

芙蓉鎮的市集與小街值得一看再看，一�再趄，我們在此品嘗芙蓉鎮傳統小吃「劉曉慶米豆腐」，風味與臺灣的深坑豆腐截然不同。

一路搖搖晃晃，一邊聽地陪娓娓道來，一邊欣賞公路兩旁的吊腳樓奇景，終於抵達名聞遐邇的鳳凰古城——紐西蘭知名作家路易・艾黎曾讚譽爲「中國最美麗的小城」。

抵達古城，映入眼簾的是一面大廣場，廣場中心是一座展翅翱翔、御風而行的鳳凰雕塑作品，四周則有城門與圖書館，城外則是暴雨後湍急的沱江。這座沉積千年文化的小城曾孕育「文學巨擘」沈從文、「畫壇鬼才」黃永玉及民國第一內閣總理熊希齡等名人，堪稱一座地靈人傑的古城。

位於沱江之畔，群山環抱的鳳凰古城，其精華景點包含「沱江泛舟」、「楊家祠堂」、「熊希齡故居」、「沈從文故居」等。古城的建築和城樓在藍天白雲下益顯歷史的珍貴；吊腳樓呈現因爲環境的囿限與氣候的殊異，反而激發人的創意與韌性，這裡的一點一滴，說明經過時間的淘洗，只會讓這座古城愈來愈迷人，難怪湘西的這座古城會被定位成國家歷史文化名城，被譽爲中國最美麗的小城。因此造訪古城，一定要親炙歷史名人的文物與理解文化歷史的背景，這可是一堂價值不斐、意義非凡的文史課程。

地陪告訴我們：「鳳凰古城風景秀麗，歷史悠久，名勝古蹟多。城內石板街、古代城樓、明清古院是不可錯過的景物；城外沱江蜿蜒，河水清冽，槳聲舟影，山歌互答，呈現一派寧靜安祥的小城風光，這是湘西重要的資產。到此一遊，人生無憾。」人生是否無憾，因人而異，然而可以確定的是，鳳凰古城確實令人發思古之幽情，與李白的「光陰者，百代之過客；天地者，萬物之逆旅。」遙相呼應。

晚餐後展開鳳凰古城巡禮，我們到沱江畔的茶樓坐坐，在吊腳樓上喝茶欣賞江岸風光，感受古城的遺世獨立和醉人浪漫的生活情趣。當然，不能錯過古城的薑糖，透過透明的玻璃牆壁，我們欣賞薑糖的製作過程，對我們而言，那是很特殊而新鮮的一堂課。

歸來，芙蓉鎮與鳳凰古城，我旅行書寫的難忘題材。

不論是旅遊、參訪、看展、小鎮走讀……等，只要肯用心用情，許多知識、常識或心情寫照，都能成為演說題材的源頭活水。

以幽默點綴演說

在公眾面前說話或致詞時，語帶幽默肯定受到青睞。平時蒐集幽默素材，改寫成精采的短文，倘若能駕馭語音語調，營造輕鬆有趣又令人玩味的氣氛，應能獲得如雷掌聲。

生活中的幽默

平時整理幽默的資料，經過改編或簡化，適時適地摻入說話的內容中，尤其在以詼諧的自嘲方式與人談話時，最容易獲得諒解，結交朋友。舉例如下：

曾擔任臺中市長的胡志強，親和力強，反應快，眾所周知，他常能在短時間內交朋友，眞正的「祕密武器」就是幽默感。無論是出國拚外交或與地方鄉親接觸，都能即席發揮幽默感，一開口就交到朋友。

有一次胡志強拜訪臺中市的人瑞，老奶奶看到經常在電視上出現的市長近在眼前，很興奮的說：「市長啊，你看起來比電視卡少年（更年輕）ㄋㄟ！」意思是胡志強本人年輕多了。胡市長環顧室內，眉開眼笑的以臺灣閩南語回答：「是啦！是啦！我也比『冰箱』和『電鍋』卡少年喔！」老奶奶聽後笑呵呵。

網路也是蒐集幽默短文的途徑，以下取材自一篇網路文章的引言：

聯合國給全世界的小朋友一道問題「對於其他國家糧食短缺的問題，請你提出自己的看法。」

非洲的小朋友看完題目後，不知道什麼是「糧食」；拉丁美洲的小朋友不知道什麼是「請」；英國、法國的小朋友不知道什麼是「短缺」；美國的小朋友不知道什麼是「其他國家」；而臺灣的小朋友不知道什麼是「自己的看法」。

這一則令人莞爾卻值得省思的短文，不僅說明全世界仍有貧富差距的問題，點出各國文化差異外，也隱喻我們臺灣的教育受限於升學制度，強調標準答案，很容易造成學生沒有自己的看法，這是不爭的事實。短文鋪陳至此，達到幽默效果，引人深思，意義深遠。

另一種是間接表達抗議的幽默：

有一次天空打雷，兒子問爸爸：「爲什麼會打雷？」爸爸說：「因爲你說謊，所以會打雷。」兒子很無辜的說：「我現在沒有說謊啊！」

爸爸走到窗前，看到外頭劈里啪啦造勢競選的人群說：「喔！我知道了，因爲今晚是競選活動造勢的最後一天，有人亂開支票，說謊話，所以會打雷。」

還有一種是化解尷尬的幽默：

有一次星雲法師講經說法，講完後依禮「打磬送法師」，沒想到喊話的師父因緊張而一時口誤，說成：「打法師送磬。」此時，星雲大師回說：「不要打，我自己會走。」

星雲大師適時的幽默與恢弘的氣度，化解尷尬。

校園裡的幽默

中國時報副刊曾刊登校園廁所文學，以標語呈現，是很好的幽默素材：

◎「勿道人之短，勿說己之長」——雖為雙關語，卻又含為人處世哲學，發人深省。

◎「多少英雄好漢，在此忍氣吞聲；無數貞節烈女，在此寬衣解帶」——對仗工整，描寫如廁窘態，嚴肅中穿插戲謔，令人莞爾。

學生家長是國中國文老師兼導師，有一次閒聊時分享經驗談：

有一個學生喜歡找各種藉口請假，有一次這個學生遞了一張紙條給導師：「老師，我的外曾祖父去勢，我要請假。」老師一看假單事由，竟寫「送死」兩個字。

老師說：「國中快畢業了，去世寫錯，寫成去勢，請假理由不恰當，修改後再找我。」學生重寫假單，送到導師面前喜孜孜的說：「老師，這樣子總該准假了吧！」只見假單上大刺刺的呈現兩個字：「陪葬」。

家長的分享經驗談，確實幽默中含啟示，精準用語才不會貽笑大方。參加告別式說成「送死」、「陪葬」，曾祖父去世寫成去「勢」，想必引人思考如何提升語文表達能力。

幽默並不是取笑別人，讓別人難堪。幽默是一種人生觀，看待人生的態度。我們在生活中難免不順心，面對不順心，幽默是一種良藥。幽默可以化解憤怒、疏離或尷尬，讓周遭的朋友感染快樂喜悅的氣氛。幽默的原則必須出於善意和慈悲，避免尖酸刻薄，更不可拿來當武器攻擊別人。

演說稿的內容適時安排幽默對話或小故事，更必須掌握前述幽默的原則。

領袖級的幽默

前美國總統雷根由於常常出現自我解嘲式的幽默，獲得眾多美國人民的認同。有一回，他講到自己親身體驗的笑話：

在競選美國加州市長時，有一天他正趕一場競選演講，當時滂沱大雨，於是攔了一輛計程車送他到會場。

由於還要趕下一場的競選演說，他商請司機先生等他，司機先生並不知道他是雷根，於是回絕他說：「不行，我要趕回去收看雷根的競選演說。」雷根聽完既驚喜又感動，隨手掏出一百元塞給司機，沒想到司機拿了之後，卻表示願意等他，載他趕到另一個競選演說的場地。

雷根不解的詢問：「你不是要趕回去收看雷根的競選演說嗎？」此時司機不急不徐的吐出一句：「雷根算哪根蔥？」

這是雷根與當時蘇聯領袖戈巴契夫談話時，自我解嘲。戈巴契夫當場也回應他自己的笑話：

有一天，當戈巴契夫的朋友找他出遊時，戈巴契夫心血來潮要充當司機，但因爲太久沒駕駛汽車，不小心違規，結果被一位交通警察攔下來，問了一些話就放行。

此時另一位交通警察見狀，就詢問剛剛問話的警察：「爲什麼這麼輕易就放行呢？是不是座車內的人官位很大？」問話的警察說：「我不知道車內坐的人是誰？但是他的司機是戈巴契夫。」

以上兩則幽默對話，在嚴肅的場合中發揮化解疏離感的作用，讓雙方覺得愉悅。

疫情下的幽默

新冠疫情期間，因生活方式改變，初期造成許多日常的不便，人們的生活方式也和以往大不相同，但是總能苦中作樂，為生活增添點樂趣：

新冠肺炎防疫期間，許多人會覺得自己窮，錢太少了。里長有時會區域廣播：「沒四千萬別出來，沒四千萬別出來。」唉！這輩子都不能出門了。（廣播時要注意斷句和發音——沒事，千萬別出門。）

二〇二一年五、六月期間，臺灣新冠肺炎疫情嚴峻，處於三級警戒狀態，民眾到店家消費皆必須「實聯制」登記和量體溫、噴酒精，實聯制是指可用手機掃碼顯示傳輸，也可現場紙本簽名、寫時間和留電話。

有一次，一位爺爺到早餐店消費，可能不熟悉實聯制的認證模式，直接走到櫃檯前點餐：「麻煩一份三明治。」此時，店員提醒他說：「爺爺，要實名制喔！謝謝。」

爺爺聽到店員這麼說，停頓一會，接著回說：「是三明治，不是十明治，十明治太厚了，吃不完。」店員一臉尷尬的解釋：「爺爺，不好意思，前面的條碼掃一下，實名制喔！謝謝。」

沒想到爺爺仍然沒放棄，堅持要買「三明治」，不是「十明治」。店員見狀，走出櫃檯，很客氣的跟爺爺借手機，耐心的逐一說明步驟，演示實名制操作方式，幫他完成資料登記。爺爺豁然開朗，笑著說：「原來這樣，我要再練習一次。」然後帶著早餐，微笑離開。

不知道經典總匯十明治好不好吃？

店員如果說：「用手機掃描實聯制」或「簽名留電話號碼」，也許比較不會因發音而誤解，也可以化解尷尬吧！對長者而言，直接演示操作方式，當然是很溫暖的待客之道。

幽默俗諺與典故

最成功的幽默是自我解嘲，需要人生的智慧和氣度。學習演說的過程，不妨有系統蒐集有趣而充滿人生智慧的幽默話：

◎冰凍三尺非一日之寒，肥肉三層非一日之饞。

◎有了年紀，不怕鬼月，怕的是歲月；鬼月不傷人，歲月不饒人。

◎瘦小離家肥胖歸，鄉音未改肉成堆。親友相見不相識，驚問胖子你是誰。

或是蒐羅一些與歷史人物有關，根據他們個性所衍生的幽默故事：

岳飛奉派帶領張飛到凡間，路過南天門，執勤的關公要檢查他們所帶的物品，此時岳飛告訴關公：「我這兒有一百頂高帽子，因爲現在凡間辦事都需要高帽子打通關，不像您正直，不用戴高帽子。」關公一聽哈哈大笑，揮揮手放行。一出關門，張飛數一數帽子，只剩九十九頂。原來岳飛已經送出一頂了。

幽默是人生哲學，是一帖人際相處的良藥。幽默不是取笑他人，讓他人出糗，下不了臺。幽默必須出於善意、誠懇、慈悲、自嘲，避免尖酸刻薄而攻擊別人。如果生言造語，借刀殺人，就不是幽默，而是言語霸凌。

掌握講稿撰寫鋩角

不論身為學生、老師或校長，在課堂或會議場合，都可能要上臺報告或致詞，報告和致詞的本質如同演說，很正式的說話，因此事前構思和撰寫大綱是必要。

當我們演說前，要檢視講稿內容是否符合「A-B-C」，亦即正確（Accurate）、簡潔（Brief）、清楚（Clear）三項原則。演說稿的資料如數據、典故、年代、人名或事件等必須事先查證，正確無誤，不能信口開河，不能誤導觀眾；演說稿的布局要簡潔，不能雜亂無章。

撰寫演說稿像在寫作，需要千錘百鍊，如同曹雪芹感受的「字字看來皆是血，十年辛苦不尋常」。撰寫演說稿的原則是動之以情、說之以理、言之有物、言之有序、言之有趣、以誠感人，如果能適時適地取材，配合聽講對象導引現場氣氛，自然滿座春風，博得讚譽。

「大匠能授人以規矩，不能使人巧」，了解原則後，就是身體力行，不斷觀摩和練習，從觀摩中體悟如何撰寫演說稿，自然盈科後進，水到渠成。當演說稿寫得順、寫得好時，不只演說時可以事半功倍，也會相對提升簡報、寫作等能力。

取材熟悉的人與事

說話是「口述作文」，是說給人「聽」，而不是寫給人「讀」，因此撰寫演說稿時要特別注意「說自己懂得的話」，取材自己熟知的人與事。

決定演說稿前，必須檢查遣詞用字，務必口語化、具體化、生活化，讓人一聽就懂。選擇材料時，先剪裁取捨，切勿「貪多務得，細大不捐」，說話和寫文章一樣，都須重視「淺而淨，尚勝深而蕪」的原則，才能突顯主題，不致雜亂無章，倘能「以小見大」、「以淺見深」，更是上策。

身為高中物理科教師，以閱讀科學家傳記《電學之父——法拉第的故事》為例，法拉第只有小學學歷，成長歷程充滿故事性，如果能認真閱讀，撰寫演說稿，生動分享，想必可以感動同學。

閱讀傳記後，可能會有些苦惱，除了不易理解的學術專有名詞外，如何將頁數多的傳記轉化成五百字的讀書心得呢？可以掌握以下撰寫原則：

1. 先精讀，選擇自己最感動的幾個單元，用自己的話寫成心得。能感動自己，才能感動別人，引起共鳴。

2. 強調傳記中的成長歷程和影響力。科學家的生命歷程往往跌宕起伏，如何從困境中激勵自己，最能帶給讀者思維啟發和典範學習。

3. 閱讀時整理筆記，標記重點，加強印象，構思撰稿方向。

當你一邊閱讀，一邊筆記，相信就能發現我們生活中的電器用品，如發電機、變壓器、電磁爐、無線充電器、金屬偵測器、機場物品檢測門等，都與法拉第提出的「電磁感應」概念有關，對人類的影響超過一百多年。

經過反覆閱讀和撰稿、修稿後，完成心得寫作，你可以將題目訂為「改變人類歷史的偉大科學家——電學之父法拉第」，內容摘要如下：

爲什麼只有小學畢業的法拉第能提出「電磁感應定律」，影響一百年來人類的科技發展？讓我對法拉第的成長歷程特別好奇。

第一段開門見山，說明為何鎖定法拉第的傳記作為閱讀書籍，可引起讀者的興趣。

出身鐵匠之家的法拉第，小學畢業後就到裝訂廠當學徒，因爲愛讀書，他一邊裝訂書籍一邊閱讀，久而久之，閱讀了許多電學知識和科學研究論文。後來，法拉第有機會與科學家相處交談，以及聽當時的大師戴維的演講，逐漸開拓視野，走進物理的專業領域，爲後代科學發展留下「電磁感應定律」。

法拉第爲了讓當時的英國觀眾聽懂電磁學的概念，提出「磁力線」、「電力線」的「場」概念，並常以示範實驗讓觀眾理解電磁學現象，可說是科學普及演講的先驅。

說明法拉第的成長歷程，可激勵人心。簡要說明法拉第提出假想線——

磁力線概念，開科普演講之風。

「電磁感應」是什麼意思？這是磁場變化產生電流，例如：磁場強弱或方向改變，會在線圈產生電流，也就是不用插電源，線圈也會有電流，就能發電。現今的生活中，不論是大型醫院或夜市的發電機、家裡的電磁爐，都是應用「電磁感應定律」發展而成。

此段運用淺顯易懂的文句，說明日常電器發電機、電磁爐……等的電磁感應概念。

從《電學之父——法拉第的故事》這本書，我讀到傳記中傳達可貴的親情和友情，以及法拉第的一生。他出身平凡卻能忍辱負重，謙虛待人，面對他人的嫉妒，也能正向看待，值得學習。這是一本值得閱讀的傳記。

最後，說明這本傳記能引發讀者共鳴和典範學習，推薦同學閱讀。講稿層次分明、言之有序、繁簡得宜，評判委員應會刮目相看。

有條有理布局

英國文學家斯沃夫特說：「最好的文章，需用最好的字句在最好的層次。」

演說稿布局，有條有理是必備要件，雜亂無章則是犯大忌。在競爭激烈的演說比賽中，講稿的安排布局是否前後呼應貫串，攸關名次。層次，正是講稿文章起承轉合的布局安排，講究整體布局輕重分明，以產生強烈的對比效果，加強聽者的印象，也是學習撰寫演說稿不可輕忽的原則。「綱舉目張」須提綱挈領，方能井然有序。以下舉一演說稿供讀者參考。

這樣說更出色——養德與養慧

各位評判老師、各位同學早安。我是高中組第十七號，演說的題目是「養德與養慧」。

古人重視養德與養慧，以品德爲美、以智慧爲貴，德高而望重，秀外而慧中。孔子告訴子弟，如果能做到孝、悌、信、愛、仁之後，行有餘力，則以學文。品德爲治學之本，唯有成就個人修養，方能眞正領會學習的內涵。治世之前必先治學，治學之前必先治身，養德與養慧，一步一腳印，以達到眞與善。理智的人明白事理，領悟中庸之道，面對世事能處變不驚，以前人爲鑑，以歷史爲鏡，知道盛衰興替的常理。培養智慧使我們擁有寬大開闊的胸襟和高瞻遠矚的目光，即使風雨如晦，自始至終，仍能平澹安靜。

如何「養德與養慧」？身處繁華卻喧囂的今日，我們不妨效法古聖先賢，暫且拋開世俗，返璞歸眞，回到最純眞的性靈，平靜眞誠的凝視獨處的自己。

德是人性本善，君子齊家須以德待人，君王治國須以德服眾，有志之士平天下也需要以德成事。我們雖然不用廣被德澤，卻也要在生活中具體實踐：敦親睦鄰、敬老尊賢以養德之全；時時反求諸己、推己及人，是養德的基本功夫。慧是生而有之，慧根須後天發掘。我們能深思熟慮、捫心自問以養慧之芽，透過不斷反芻和省思，智慧才能像日益成熟的碩果。此外，天地者萬物之逆旅，光陰者百代之過客，落花水面皆文章，萬物靜觀皆自得，自大千世界汲取靈威，也是養慧的泉源。一生養德爲本、養慧爲能，那麼生命自然豐盈富足。

養德與養慧，可以是生命中的定位。史懷哲年少時割捨優渥的生活條件與穩定的職涯發展，孤軍奔赴遙遠的第三世界，以自身專業爲當地建設醫療資源，賦予受病痛折磨的同胞存活的希冀。史懷哲的思想高度，非凡夫俗子所能企及，他涵養道德的眞諦，體現自處的美德。後人尊崇史懷哲，視爲一顆溫潤閃耀的星火，在道德殞落的時代，重新點亮人類無私的愛。他用一份純粹而炙熱的使命感，澆灌心坎萌生的德之芽，以愛爲名，拉拔成一棵棵承載無限寬闊的參天大樹。我認爲史懷哲是養德與養慧的典範之一。

養德與養慧，可以是生命中的歸宿。一代文豪蘇軾，委身亂世，不願以皓皓的淨白而蒙世俗的塵埃。曠達自適的心境，何嘗不是一種人生練達的智慧？「回首向來蕭瑟處，歸去，也無風雨也無晴」成千古佳言。我認爲蘇軾是一顆沉斂而明亮的玉墜，在縹緲昏暗的時代，作爲自己生命旅途中的一口洪鐘，不因遭毀棄而墮入深淵，反而以重生之姿，散發渾然清明的氣質，達觀自得。

儉以養德、思以養慧。養德的境界在於「結廬在人境，而無車馬喧。」當我們能內在修練，便不受紅塵擾動，問君何能爾？自然「心遠地自偏」，在喧嘩中，內在的安靜油然而生。養慧的眞義在於「腹有詩書氣自華，讀書萬卷始通神。」讀萬卷書，行萬里路，博覽群籍，踏遍行旅，書籍知識與實際經驗結合，便擁有人生閱歷的風景。生命是一條悠悠渡河，每個人都各自修行，一輩子裡，修身養性看似孤獨，卻從磨難中獲得健全人格與寬廣思維。孟子說：「人之有德慧術知者，恆存乎疢疾。獨孤臣孽子，其操心也危，其慮患也深，故達。」生於憂患，愈是艱困的環境，愈能淬鍊出堅韌意志；求取德智時，也應該抱持著戒愼恐懼的心態，所以能通達事理。

在芸芸眾生追逐名利中，談論養德與養慧，或許被譏爲不食人間煙火，或許被認爲空中樓閣或海市蜃樓，然而在是非不分混沌不明的今日，養德與養慧更難能可貴，也是終身的核心價值。儘管環境再嚴苛，亂象再叢生，我們都應當秉持人之初性本善的初心，傳遞溫暖與美善。養德與養慧，是人類亙古不變的修行，用德行做爲梳理世事的金科玉律，用智慧當作面對生活的錦囊妙計。且讓德與慧成爲明鏡。鑑古今知往來，德與慧成爲指引我們做人做事判斷是非曲直的燈塔；養德與養慧是世世代代的傳家寶，愈紛亂的時代，愈需要養德與養慧。謝謝！

〔北一女高二科學班二恭賴薏云作品，簡麗賢修改與潤飾〕

老師點評：

演說稿的層次鮮明，內容首段用語典雅，以「以品德為美、以智慧為貴，德高而望重，秀外而慧中」發揮鳳頭的效果；中間段落闡述養德與養慧的概念與做法，以史懷哲和蘇東坡為例，提出養德養慧的見解，符合豬肚的論述；以「養德與養慧是世世代代的傳家寶，愈紛亂的時代，愈需要養德與養慧」作結，凸顯豹尾的力量，強調養德與養慧的重要，與首段觀點貫串呼應。

破解雙軌題！

「雙軌」題的思考與處理，一直是學生困擾的演說題型。這類題目考驗學生的邏輯思維和論述延伸的能力，從過去到現在的演說比賽屢見不鮮。雙軌題也稱「二元題」，依據其間關係可分「相對互斥」、「並列相依」、「互存價值」三種類型的論述說明題。然而，有些題目仁智互見，人言言殊，必須謹慎審題，分析明辨，找出平衡論述的見解和例證。

「相對」型的題目，是指內涵和立場彼此鮮明對立，例如：「益友與損友」、「對立與團結」、「說話的魅力與暴力」。這一類「相對」型題目，必須闡述二者的利弊得失。如益友和損友各有哪些類型？交到損友會產生哪些不好的影響？交到益友則有哪些好的影響？則可以：獨學而無友，則孤陋而寡聞。求學期間，交朋友如同閱讀書籍，交友選書要謹慎。交到益友使我們學會正直、誠信待人與廣泛吸收知識；交到損友可能惡習纏身，身敗名裂，陷入痛苦深淵。來點出益友與損友，對我們的影響好壞分明。說話的魅力與暴力，亦然。說話的魅力可以幫助我們解決問題，增加好人緣；說話的暴力，則是讓簡單的事情更複雜，模糊焦點，無法達成溝通的目的。

「並列」型的題目，必須點出二者「相得益彰、相輔相成」的題旨，指出「不可偏廢」，例如：「紅花與綠葉」、「定見與遠見」、「親情與友情」、「讀書與做人」等題目。闡述「紅花與綠葉」，必須點出一個團體需要有扮演領導人的紅花，也需要既分工又合作的綠葉，例如：棒球比賽，有主要影響勝敗的投手和強打者，這是球隊的紅花，但也要捕手、壘手和內外野手等綠葉組成堅強守備團隊，加上教練團的智慧和應變，才可能贏得勝利。每個人在不同時機和場合，扮演不同的紅花與綠葉的角色，紅花與綠葉不是相斥，而是相得益彰、相輔相成。

「互存價值」型的論述題，最能顯現演說者的邏輯思維和關照面向。當遇到「快與慢」、「施與受」、「選系或選校」、「錦上添花與雪中送炭」時，審題是關鍵，確定論述方向再構思演說稿，才不會陷入自我矛盾的泥淖，別人才聽得懂見解和邏輯。這些題目不是明顯的相對互斥，也不是絕對的相依並列，而是互有價值，各有其選擇性，須注意不是只有好或壞的二分法。

像是「快與慢」，不是只有好或壞的分別，一般人認為「快」不好，因為臺灣閩南語俗諺「食緊掙破碗」；難道「慢」就很好嗎？是不是都如此界定意義呢？「雪中送炭」具有善心價值，難道「錦上添花」就沒有意義嗎？這些見解必須在審題時多方思量，互相比較，釐清立場再平衡論述。

以「快與慢」為例，可從過去、現在切入思考，分析這兩個字的哲學思維各有哪些影響層面，有何佐證。可這樣論述：

從前，「慢」是成事的基礎，好湯得靠「慢火」燉煮，健康要從「細嚼慢嚥」開始，「欲速則不達」是孔子善意的提醒，「慢工出細活」更是品質的保證。「一切慢慢來！快了出差錯，划不來。」

現在，「快」是前進的動力，有「速食麵」就不怕肚子餓，有「捷運」、「高速鐵路」就不怕塞車，有「寬頻」就不怕資料下載中斷，有「宅急便」就不怕禮物交寄太晚。身邊的事物都告訴我們：「快，否則你就跟不上時代。」

不同的時代有不同的思維，但「慢」在今天是否已過時？「快」在今天是否真的必要？

過去人與人溝通靠馬路，見面寒暄問暖或親筆寫信問候，速度雖慢卻充滿溫度；現在人與人溝通靠網路，光纖通訊，天涯若比鄰，雖少了溫度卻增快速度。快與慢，不同的時代有不同的價值。

因此面對雙軌題目，需特別深入思考「文字看似相反，文意卻互存價值」的題型，兩者各存在價值和適用性，演說時必須能提出獨特看法，點出孰輕孰重、孰緩孰急和孰多孰寡的關係。

雙軌題破解思考方向

題目	掌握寫作焦點，平衡論述	可論述的例證
爭與讓	互有價值型題目。爭與讓是哲學思考。事事可讓，但當仁不讓；事事不爭，但公義要爭。	互相退讓的「六尺巷」美談；社會義行，如救人、讓座，要當仁不讓。
施與受	各有意義型題目。施比受更有福。有能力的人盡力幫助他人；接受支助的人心存感恩，未來回饋社會。	從媒體報導找善行新聞，發掘人性光明面。企業捐助獎助學金、善心人士捐款購書贈圖書館等。
益友與損友	屬於「相對排斥」的二元題，因此論述方向為益友與損友對我們的影響非常明確。首段以《論語》名句破題：「益者三友，友直、友諒、友多聞；相對應的損者三友，友便辟、友善柔、友便佞。」有人說：「交到益友上天堂，交到損友下地獄」，檢視社會新聞案例，此話很中肯。	主內容可解釋三類益友和損友的涵義，若篇幅允許，可舉身邊熟悉的案例，說明益友與損友對自身的影響；最後要注意能與首段貫串呼應，結尾簡潔有力，再次強調益友與損友對人們的影響，並呼籲交友要謹慎。

選系或選校	互有價值型題目。掌握「選我所愛，愛我所選」的思維，分析為何要選系或選校。最後指出自己選系或選校的築夢圓夢的見解。	歸納選系與選校的理由。可以舉國內、外校系，如史丹福大學、臺灣大學或法律、電機、新聞等學系。
錦上添花與雪中送炭	互有意義型題目。從「錦上添花無人記，雪中送炭情意深」申論，呼籲現代社會中，多一些雪中送炭，少一些錦上添花。	從古代和現在日常生活經驗和社會新聞報導引入例證，論述雪中送炭情意深，比錦上添花更具意義。
説話的魅力與暴力	相對排斥的題目。良言一句三冬暖，惡語傷人六月寒；一言使人笑，一言使人跳。美言如贈人珠玉，惡言如傷人劍戟。	從古代和現在日常生活經驗，以及社會新聞報導引入例證，論述説話的魅力與暴力的影響。
高中生的友情與愛情	此為「互有意義和價值」的題目，這個題目的思考方向顯然可以「多樣性」，絕非一家之言，也不是二分法。需要注意的是「高中生」、「友情與愛情」，高中生的友情很可貴，從友情發展到愛情，應循序漸進，互相了解和尊重，不宜急躁。因此論述的重點必須兼顧友情與愛情。	演講者闡述「高中生的友情與愛情」，可以從高中生如何從自然的友誼變成情侶，學會尊重與理解，更學會如何分手，不要成為恐怖情人。而學校學務處研訂交往實施要點，或許可以從時勢所趨，無法抵擋説明起，因此應該因勢利導，而不是圍堵。

尋找把握口語表達機會

了解如何蒐集和整理資料，練就撰寫演說稿的工夫之後，接下來找到機會就要實際開口練習。陸游說得好：「古人學問無遺力，少壯功夫老始成。紙上得來終覺淺，絕知此事要躬行。」要提升演說能力，「紙上談兵」行不通，「躬行」最重要，如果只知道演說技巧卻不身體力行，想要獲得好成績，不啻緣木求魚。

以學生而言，求學階段是最好的學習機會。新生始業輔導見面時，每個人都要自我介紹；在班會課程中有很多自我磨練的機會，例如：當主席要致詞、結論，掌握開會程序，可以培養穩重的臺風、俐落的談吐；又如當司儀要播報議程，雖陳述語句，卻扮演班會中「穿針引線」的角色。其他如各股長的工作報告、提出建議時的發言人等，都是練習發表的機會。

一〇八課綱的內涵，強調核心素養的學習，重視生活情境的素養，在多元選修課程、彈性學習、探究與實作和校訂必修課程等，皆強調提升學生的表達能力。因此，當任課老師安排學期中的口頭報告作為評量依據時，就是學生們可以上臺報告的絕佳學習機會。此刻就好好把握，自信上臺、自在表達，勇於發表心得，分享所見所聞，只要踏出一小步，一步一腳印，站穩了，積跬步能至千里，積小流能成江海，後面的路會愈走愈好。

不要怕說錯，深入何妨淺出

以高中物理課程為例，我常常創造師生對話的機會。比如搭配教學單元內容在課堂上演示物理實驗，然後請學生觀察後發表看法，不用顧慮對或錯，勇敢說出自己的看法吧！同樣的，其他不同類型的課程，當各科老師提問時，都要好好把握這些機會，每一次開口都會累積溝通表達的說話經驗。

當物理課教到與大氣壓力有關的主題時，我會使用乒乓球當演示教學道具，上課時我會把乒乓球放在小漏斗內，再向小漏斗的細管內吹氣，遇到這樣的情境狀況時，讀者可以思考，乒乓球會有何反應？並且在老師的許可下，主動發表提問有關此現象的看法與疑問。這樣課堂上的主動思考判斷和口語表達，不只可以深化吸收相關學科知識，更可以訓練自己的邏輯思考，強化說話溝通的能力。

前面提到教育部實施的一〇八新課綱，其一理念是為了幫學生們創造更多這樣的學習環境，強調閱讀、理解與表達，重視學習歷程檔案的撰寫和上傳，尤其是多元選修課程和校訂必修課程，教師們依據新課綱的內容，往往會以上臺報告作為評量的依據之一。因此，如果在上課中，老師創造發表意見的舞臺，讀者就要把握練習口語表達的機會。

科普閱讀與表達的練習

要將艱澀、難懂的科學新知，分享給沒有讀過的同學，最重要的是引發好奇心，讓大家帶著學習的興趣，吸收知識。如前述科學表達為例，可以「科普閱讀報告，深入何妨淺出」為原則，掌握以下幾個要領：

1. 設計吸引人的題目，引發興趣。

2. 專有名詞需要再解釋，避免同學只知道名詞，卻不了解意思。

3. 擷取文章中有趣的幾個段落，並將深奧難懂的陳述，轉化為簡單易懂的語言，或是有視覺畫面的形容語句，才能深入淺出。

4. 設計提問，以及製作簡潔的投影片，引發好奇。投影片圖案可精簡，不用太花俏，避免喧賓奪主。

5. 加註資料出處，尊重智慧財產權。

擷取有趣段落，轉化為淺顯語言

以閱讀《科學人》雜誌一篇講述海中電鰻發出高壓電，攻擊獵物的文章為例，內容較長又涉及電學專有名詞，讀者可以參考以下方式，分享給同學聽，以引起同學的興趣：

各位同學好，我報告的題目是「你不知道的水中雷霆」，取材自《科學人》雜誌。

你知道「水中雷霆」是什麼嗎？不是快艇，也不是大鯊魚，牠是會發出電流的鰻魚——電鰻。你一定不喜歡被電的感覺。電鰻使用電的方式非常多樣，可以用來感覺、攻擊和防禦。動物學家深入了解電鰻的生理和行爲後，知道電鰻能夠發出電流攻擊獵物，但施放電擊的機制，以及對獵物的作用，仍然成謎。

以「你不知道的水中雷霆」為題目，可引發同學的好奇；以水中雷霆的提問，引發「繼續聽下去」的興趣，再以科學家的研究和未知的謎，吸引人想知道報告的內容，是精采的開頭。

電流是非常小卻多到數不完的電子在流動，如果流過人的心臟，可能讓人麻痺或致命。動物學家利用高速攝影，獵取電鰻用高壓電攻擊獵物時，水槽中的魚兒在千分之三秒內靜止不動，漂浮在水中；當電鰻停止放電，魚隻即恢復游動，顯現電擊的效應很短暫。

這一段以生動的語言描述，敘述活靈活現，具有吸引力。

電擊槍經由線路，每秒發出十九次高電壓的電脈衝，會干擾神經系統對肌肉的控制能力，造成神經肌肉暫時失去功能。實驗發現，電鰻每秒可連續發出近四百次的電脈衝，放電能力最高可達六百伏特，且不是作用在獵物的肌肉上，而是連接肌肉的運動神經。

比較電擊槍與電鰻發出電流的能力，說明電鰻身體特殊的結構；善用數據比較，更能使同學了解電鰻的奇異能力。

科學家認爲，電鰻是由運動神經控制發電，運動神經又由神經元控制。每次放出高電壓電脈衝，都是由神經元發號施令，經過運動神經元，將高電壓電訊號經由水傳導至附近魚隻，啓動魚隻的運動神經元，影響肌肉。

透過高效能發電能力，電鰻得以遠距離控制獵物，讓獵物全身痙攣而無法動彈。

最後，說明電鰻的發電機制，敘述有條理，用語簡潔易懂，達到深入淺出的演說效果。

團體活動多發表意見

不論是舊課綱還是新課綱，皆會安排綜合活動或團體活動，其中確定說話主題，說明事情大致經過的班會，就是班上的團體活動，若是跨班型態即是社團活動。班會或社團活動是以學生為主角，導師或社團指導老師扮演指導和協助的角色。在這當中，就會提供學生許多口語表達訓練的機會和舞臺。

班會一般都會訂定該週的討論主題與班務討論，好比討論「校慶活動」，導師們通常會營造班上學生發表的環境，像是要同學們分享校慶中記憶最深刻的一件事，對於籌劃校慶活動有何看法，園遊會的主題為何，班上想在園遊會中販售什麼，這就是讓大家意見交流、口語表達的絕佳機會。

一般而言，學生表達時可能因為沒經驗會像記流水帳似的，把所有曾經歷的活動都羅列出來，卻都沒有具體內容。因此，這時的說話重點應放在說話內容上，讀者可以想想經歷的哪件事印象最深，然後講清楚這件事的大致經過，做到口齒清晰，聲音響亮，語句連貫、內容明確的基本要求。

在高中的社團活動課程中，成員會跨年級和跨班級。此時，也有許多表達意見和宣導社務的機會，如何清楚表達意見，需要事先構思，像寫演說稿，包含前言鋪陳的引論、主題說明的本論，以及要點歸結的結論，若能言之有序表達清楚，相信社團成員運作社務和規劃活動時，應能事半功倍。

此外，當讀者具備一定的說話技巧後，可以試著和自己比較熟、比較要好的同學，針對彼此說話內容加以回饋評論，無論是音量、語氣、語調、邏輯順序等均能誠懇闡述自己的看法，這樣既讓說話者知道自己的優點和不足，又培養評論者的傾聽、分析能力，達到「同儕互評，欣賞別人，肯定自己」

的學習目標。

經過長期練習，使自己在溝通、說話、演講時的表達更清晰，以及掌握更多語調變化的細節，為未來升學、工作、生活打下扎實的口語表達能力。

校慶規劃活動，這樣表達更清楚

在活動、課程的互評和回饋中，可以腦力激盪，訓練如何說得中肯和得體。遇到我們可以發表的舞臺，就好好把握機會，事先構思後，積極發表自己的看法，以「校慶活動籌備討論」為例，供讀者們參考：

老師、各位同學午安。我是班長方佳柔，今天中午參加學務處的校慶活動籌備會，整理會議重點向大家報告，並請大家發表想法，提供規劃班上園遊會的意見。

今天學務處的校慶活動籌備會宣導重點，是園遊會時間訂在校慶當天——十二月十二日上午十點至下午兩點，我們將討論是否申請攤位；若通過設立攤位，要以哪一種型態呈現。以下是設立園遊會攤位的注意事項：

第一，高二每班可設置一個攤位，由各班導師指導，班長爲執行長，成立任務編組，可邀請家長協助。

第二，設立攤位應符合教育意義，以安全、整潔、創新、獨特、健康衛生爲原則，各班能應用所學表現特色，以吸引顧客。攤位設置企劃書在十月二十日前繳交至學務處，經過校慶籌備委員會審核通過後公告，繳交攤位保證金壹仟元整。

第三，抽籤決定各班攤位，布置時須標明班級、攤位名稱、營業項目及交易價格。布置力求精美，海報、文宣設計巧思精緻，以凸顯各班特色。器具及所需物品，各班自行負責。

第四，園遊會交易必須使用學校印製的園遊券，面額分成十元、二十元兩類。若使用現金交易，將由保證金中扣取罰款，每次罰款貳佰元整。

第五，園遊會結束，當天下午三點前須將攤位整理完畢，恢復原狀，班長在場等待檢查，通過後才能領回保證金。

第六，由教師、家長、校友和高三班長代表組成園遊會評審團，以創新、獨特、健康、衛生、吸引顧客爲標準，評選出六個最具特色的攤位，入選攤位發給獎勵金壹仟元整。

第七，各班攤位須捐出營業總金額兩成，捐至本校協助就學的「綠園愛心基金」。

以上是學校會議重點，若需提問，請舉手。若已了解申請園遊會注意事項，我們先投票決定是否申請攤位，再討論後續細節。謝謝老師和同學。

老師點評：

班長在團體活動班會中，上臺報告學校會議重點，轉達申請校慶園遊會攤位的注意事項，是校園民主與法治課程的體現。

班長能掌握學務處開會時的重點，經過消化後，簡潔聚焦說明「我們在這一節班會要做什麼，根據什麼原則討論和投票」，讓同學能掌握任務，了解申請園遊會攤位的注意事項。如此言之有物，言之有序，才能順利討論和投票。

以申請園遊會攤位的討論議題而言，採用條列式重點，明確清楚，能提高會議討論的效率。

質感說話，三層次構思發想

生活中和我們最親近的人，不外乎父母，因此學校也常在父親、母親節前夕規劃舉辦孝親活動，並結合生命教育課程，讓學生以「感恩、惜福與珍愛」為主題，短講三分鐘。若要提升自己的演說表達能力，務必掌握機會練習表達，可以讓你更出色。

文諺的母親從越南嫁來臺灣，父親在他三歲時不幸因病過世，母親獨力撫養他，母子感情深厚。他想藉此機會表達對母親的感恩，於是鼓起勇氣報名參加這次活動。

撰稿重點，除了表達對母親的感謝外，還需要分三層次構思大綱，以刻劃親情互動，延伸感恩之心：

1. 從日常生活中取材，描述與媽媽之間的日常互動。
2. 延伸珍惜幸福，感恩他人提供的資源。
3. 表達對母親的感恩，最具體的作為是不讓母親擔憂，珍惜生命。

經老師指導與數次演練後，文諺當天上臺短講：

親愛的媽媽，前幾天我問您：「週日可以抽空來學校參加母親節活動嗎？」您說：「當然可以！我一大早先去鳳梨園把工作做完，就可以趕到學校參加。」我很高興您趕來了，也心疼您在大太陽底下辛勞奔波。

早上出門前，您問我：「今天晚餐還要吃鳳梨苦瓜雞湯嗎？」我大聲回答：「當然要！」您笑著回說：「你眞是百吃不厭哪！」

我最愛吃您煮的鳳梨苦瓜雞湯了，消暑、解熱又開胃。

從生活中取材，以詢問媽媽是否可參加孝親活動開場，點明母親假日還須工作的辛勞。第二段，藉由鳳梨苦瓜雞湯鋪陳母子間的互動，真情流露。

現正是鳳梨的盛產季節，您每天必須頂著烈日在鳳梨園辛苦工作，卻不曾聽您喊累、抱怨，您說：「哪有工作不辛苦！農夫種田很辛苦，老師上課很辛苦，正因為他們辛苦工作，我們才有米飯吃，你才可以到學校上課。」

從小，您常對我說，雖然爸爸不在了，幸好阿公阿嬤和親友們都很照顧我們，常送東西給我們。您說，在您家鄉越南鄉下有些跟我同年齡的小孩，因家境貧困而無法上學，教導我要知足惜福，不要怕辛苦，以後長大有能力，也要幫助需要幫助的人。

藉由母子間的日常對話，刻劃母親不畏生活的艱辛，以及正向的人生觀；並提升層次，描述母親從小諄諄教誨，教導要惜福、感恩，長大要回饋社會，讓聽眾感受到母親的教養觀，平凡中見偉大。

記得今年大年初一，我因上吐下瀉，虛弱無力，您帶我到醫院急診，才知感染急性腸胃炎。難得的春節假期，您每天不眠不休的照顧我；痊癒後，更悉心爲我準備清淡的餐食，讓我深刻體會到老師教導我們的「身體髮膚受之父母，不敢毀傷，孝之始也。」以後我要更注意自己的身體健康，不讓您擔憂。

親愛的媽媽，謝謝您！謝謝您辛苦的把我養大。

最後一段藉由生病時母親悉心照料，將層次轉至保持健康的身體，是母親節最好的禮物，能引起為人父母的共鳴。此段內容也符合學校生命教育，愛惜生命，不可毀傷身體，才是體現孝道精神，意義深遠。

PART 4

各種說話技巧實戰應用

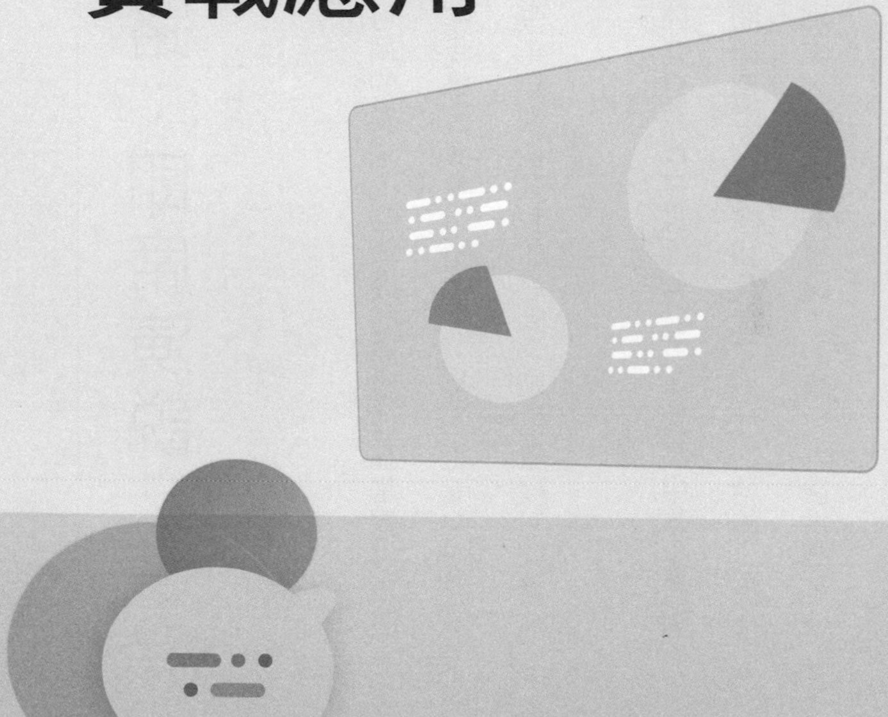

舌尖上的思路：即席演說

演說是一門學問，有其脈絡可循的模式，評價高的演說往往掌握幾項原則，尤其是比賽型的即席演說。在我學習演說的歷程中，曾任北市大副校長的陳光憲教授和臺師大國文系的張正男教授是我的恩師，兩位教授對即席演說比賽各有獨到的見解。

即席演說比賽的短講形式，陳光憲教授在民國一〇五年對高中學生組國語演說項目的講評中，特別強調開頭精準的審題和黃金三十秒的結論，後來講評稿被出版社節錄精選為國中課文〈舌尖上的思路：演講〉，提供學子練習演說的準則；張正男教授在指導教師準備演說比賽和講述教學語言時，除了強調鳳頭、豬肚、豹尾外，特別提醒避免「開頭四忌」，避免出現閒扯過遠、耗時過長、音調過高與客套過度等四種情況。

我聽過許多場不同主題的演講，參加過二十餘次演說比賽，擔任過十餘年的即席演說比賽評判委員，從中體悟吸引人的演講不外乎言之有物、言之有序、言之有理和言之有趣，是不變的真理。然而，我也聽過雜亂無章、東拉西扯的演說，即使演講者運用大量的統計數字、專有名詞、新聞報導與學術研究，可能僅見「樹」，卻無法引導聽者見「林」，抓不住講者的重點。

如果演講時讓聽眾感覺「見樹不見林」，顯然講稿的布局出問題，也就是演講稿的架構不明確，綱不舉目不張。如何掌握演說稿的架構，做好布局呢？這可以訓練，可以學習，舌尖上的思路絕對有跡可循。

比賽致勝關鍵

不論你是自我挑戰，提升演說能力，或是想在比賽中頭角崢嶸，獲得最佳成績，把握即席演說比賽的致勝關鍵是重要的課題。

即席演說比賽的方式是競賽員在登臺前三十分鐘現場抽題，在三十分鐘內審題、立意、布局、剪裁，完成撰稿等準備工作，然後上臺，在評判委員面前透過語言和肢體訊息傳達思想和情意，展現優雅的儀態、標準的語音和深中肯綮的內容。

報題正確，審題精準

首先，競賽員比賽時務必讓錯誤降到最低，避免報錯題目、文不對題、畫蛇添足、念錯字、逾時等情況。

有一年我擔任全國語文競賽國中學生組國語演說項目的評判委員，其中有一名參賽選手上臺可能太緊張，將題目「談國中生是否需要手機」說成「國中生需要手機嗎？」改變原有的命題，在競爭激烈的比賽中會影響分數，值得借鏡。

未能謹慎審題，講稿內容文不對題，影響分數至鉅。例如：「新冠肺炎的啟示」重點在「啟示」；「拒絕的勇氣」重點在「勇氣」；「誠信的可貴」重點在「可貴」；「保持愉快的心境」重點在「保持」；「溝通的藝術」重點在「藝術」，不只是提到「溝通」的原則，還要陳述「藝術」的境界。

如果抽到的題目是「改變世界的一項重要發明」，回到預備席，審題重點除了要注意這一項發明對人類很重要之外，只能談一項，不要說兩項，最重要的是必須闡明「改變世界」。能告訴評判委員是哪一項發明？為何很重要？重要的理由是如何改變世界，讓世界怎樣？因此審題時要確定上臺演講的素材是一項大家公認確實改變世界的發明，才具有說服力。

什麼發明才重要，且改變了世界？燈泡可以照明世界，改變光源，但會不會太老舊？網際網路呢？可以啊！確實改變人與人溝通的方式，陳述改變世界的重要發明很有說服力，重點是要審視自己的資料庫有多少可用的題材？若閱讀過諾貝爾物理學獎得主高錕的光纖通訊材料等相關知識，這時就可以談論這項材料與網路和手機的連結了。

其他改變世界的重要發明，有人提出「人工智慧與機器人」，無庸置疑，也是好題材；若是「量子電腦」，就是相當具未來性的前瞻科技題材，這項技術表現在量子電腦、量子通訊等，與金融、密碼、醫藥、國防等都有關，也能運用在檢驗新冠病毒的試劑和檢測器材；此外對抗新冠病毒和其他變種病毒株的有效疫苗，也是絕佳的好題材。

避免岔開主題畫蛇添足

比賽時避免畫蛇添足，或岔開主題改變原先的論述，這在學生組屢見不鮮。例如：「媽媽的拿手好菜」重點在「拿手」的好菜，能說明是什麼好菜？為何拿手？闡述最為人津津樂道的好菜，針對「是什麼」、「為什麼」、「別人的評價是什麼」、「如何做出這道好菜」等幾個面向，說清楚講明白，相信能獲得評判委員的青睞。

比較讓人遺憾的是，一般競賽員往往前半段生動的描述媽媽的拿手好菜，讓評判委員聽得垂涎三尺，但是後半段轉折成媽媽對家庭的貢獻或媽媽的優點，令人惋惜。

避免念錯字

念錯字的例子如「窠臼」誤以為「巢臼」，「窠」音同「科」；「迥然不同」誤以為「迴然不同」；「舞蹈」的「蹈」要念第四聲，卻念成第三聲；「緋聞」的「緋」要唸第一聲；「出紕漏」的「紕」音同「批」；「間不容髮」的「間」要念第四聲；「詰問」的「詰」音同「節」，這些是競賽員要注意的發音。

評判委員沒有書面的演講稿，競賽員念錯字、發錯音，可能讓委員誤會或摸不著頭緒，無法理解講者的意思，自然無法加分。

即席演說稿五部曲：定、靜、安、慮、得

演說稿相當於「口語作文」，與文字作文的原則相同，競賽員務必掌握「鳳頭、豬肚、豹尾」的原則。比賽時，有氣勢表情和優美的音色，有字正腔圓的發音，但若無切題的見解和深度創意的內容，也難以獲得評判委員的青睞。抽題後，如何獨樹一幟，掄元奪魁？「定、靜、安、慮、得」是擬定即席演說稿的五項心法。

抽題後先「定」下心來審題，確定「方向」，並搜尋記憶中與此題相關的資料，接著進入「靜」思，思考要把哪些內容納入講稿。例如：「諾貝爾獎的啟示」，先確立論說方向是「啟示」，可以談諾貝爾獎得主對改善世界的貢獻、為何設立諾貝爾獎、對我們有何啟示等，在有限的時間內準備舉幾

個獎項說明「啟示」等。從一九〇一年到二〇二二年諾貝爾公布的獎項很多，讀者可以思考是否寬題窄作？哪些內容可以引起共鳴？如何鋪陳才能獲得共鳴？這些都要在抽題後靜思，才能「安」置講稿的段落與內容。

好比題目為「被討厭的勇氣」，就必須切合「勇氣」，說明勇氣是什麼，在人際關係被討厭是怎樣的情況，為何要具備被討厭的勇氣，這時最好舉例、說故事，描述生活情境呈現畫面，如此讓聽者比較有感覺、有畫面。在申論「被討厭的勇氣」，則須提出生活的哲學和待人處事的原則，例如：擇善固執、自反而縮雖千萬人吾往矣，來加強自己的看法。

接下來，演說內容要精確，用詞要妥適，要與生活結合，具感性知性，兼顧質感與提升層次。演說內容避免誤用資料或年代，特別是耳熟能詳的案例，要明確指出資料來源與數據，內容要合理且符合邏輯，才具有說服力。

例如：「我爬過番茄樹」就是不合理的說法；自己是這所學校的老師或學生，卻說自己的學校是「校方」，用詞不妥，應該說「我們的學校」，因為我們都是學校的一分子，當記者報導我們學校的活動或榮譽榜時，才會寫成「校方」，因為記者並不是學校的一分子；又如經濟繁榮或蕭條比經濟發達不發達更適切。針對說理與提出方法的題目，最好能突破窠臼，提出新意，才能擄獲評判委員的心。

再提醒，演說稿結構要均勻。一篇即席演說稿的開頭與結尾最好各占五分之一以內，做到「起要漂亮，結要響亮」，中間的內容有五分之三的時間發揮，要能提出個人的想法，正反例證，由遠至近，由古至今，由內到外，倘能兼顧，相信內容結構必然均勻而具說服力。

「慮」是指反覆思慮安置完整的大綱，用最後十分鐘將演說稿默念兩遍。

最後一遍默念，在說到內容的關鍵字句時，試著加入平時慣用的手勢、表情以加深印象，一切的準備、演練都完成後，就抱著勢在必「得」的決心上臺去。

「定、靜、安、慮、得」是即席演說比賽的大原則，運用之妙，存乎一心。

平常心看待比賽

一年一度的全國語文競賽是體現「以文會友」的好機會，可說是「好言好語好文章，美食美味迎嘉賓」的最佳寫照。每一位競賽代表都是各縣市的翹楚，都是經歷過五關、斬六將的縣市第一名。記得民國九十三年在屏東舉行的語文競賽，主題對聯是「觀滄海難移，白丁窮經，阿猴社論誰是文壇翹楚；看桑田易變，黔首極典，大武山談孰為筆海鰲頭。」說明語文競賽的盛會。

我數次代表縣市參加語文盛會，深感競賽是最佳的學習，最容易交到朋友的文化饗宴，文壇翹楚、筆海鰲頭同堂競技，切磋觀摩，最能體會「勝固欣然，敗亦可喜」的精神，競賽員不妨以「勝敗常事等閒看，虛心切磋皆贏家」的心情參與語文盛會。

以即席演說為例，參賽選手高手如雲，如何「語瀉銀河，才淹江海；詞鋒金劍，思湧風雲」；如何獲得特優的殊榮，不論是聲調語音、內容組織、儀態風度皆是關鍵。演說首重氣勢，要如銀河倒瀉，滔滔淼淼般流暢，不可稍有遲疑。詞鋒應能具有金劍般的犀利，一如「蓋有南威之容，乃可以論其淑媛；有龍泉之利，乃可以論其斷割」，如此風起雲湧之後，必能動人心魄。

要在演說比賽獲得名次，除了努力外，臨場表現也非常重要，「先服定心丸，再加信心丹，添上趣味劑，摻入變化散」的要訣，提供有志者努力準備的參考，並能學習以平常心看待結果。

即席演說訓練要點

「即席演說」競賽，選手在上臺前三十分鐘抽題，題目多元化、生活化與時事化，深具挑戰性。在一般具有主題的典禮或活動中，貴賓臨時受邀上臺致詞也是即席演說，考驗當事人的臨場反應能力以及是否「胸有點墨」。

凡事豫則立，不豫則廢，希望在即席演說中能侃侃而談，可透過有效的訓練達成，充分準備與演練讓自己說得更好。除了本書第二、三章的基礎訓練外，還有以下幾項要點需自我提醒。

擷取一、兩項素材以凸顯主題重點

韓愈在〈進學解〉中說：「貪多務得，細大不捐」，勉勵學習要廣泛，知識大小兼容不放棄，但在選擇講稿材料時，千萬別大小兼容不放棄，一來篇幅有限；二來，主題易失焦。因此，材料蒐集後，還須加以選擇，並做適當的運用，學習「斷捨離」。例如：題目「東京奧運的啟示」，易說難工，因為可說的素材多，要說得深刻感人卻不易。建議可從「人性關懷」、「運動精神」、「價值取向」等主題切入，再從材料中篩選出自己最想表達的主題，擷取一、兩項當作演說主軸。

以「潘政琮高爾夫球摘銅」為例，就可鎖定一個主題發揮。摘要事件重點，論述長達四天的高爾夫球競賽，漫長的比賽對選手的生理和心理都是磨練與煎熬，潘政琮是如何從倒數第三的情況中，在一桿一桿穩紮穩打之下，最後在延長賽脫穎而出拿下第三名，為臺灣帶回史上第一面奧運高球獎牌。再闡述見解：「輸在起跑點，不代表沒希望站在頒獎臺，一步一腳印，穩定情緒，最後得獎，更能珍惜獎牌得來不易。」

競技項目常見英雄出少年，李商隱名言「雛鳳清於老鳳聲」，或許可說明奧運競賽人才輩出，長江後浪推前浪，一代新人勝舊人，桌球小將林昀儒就是一例；被媒體尊稱臺灣桌球教父的莊智淵，第五次參加奧運，雖未能晉級四強，但成績仍相當優異。四十歲還站在奧運舞臺上，如曹操名言：「老驥伏櫪，志在千里。烈士暮年，壯心不已。」或許可以描寫他的心境，莊智淵以健康的心態看待成敗，是年輕選手最佳典範。

「寶劍鋒從磨礪出，梅花香自苦寒來」應是奧運得牌不變的真理，但除了奪牌背後的艱辛、親情支持，友情也是可書寫的主題。例如：在男子八百公尺準決賽中，美國選手失去平衡倒地，緊追在後的非洲選手阿莫斯跟著倒成一團，眼看奪牌夢碎，他們沒有放棄比賽，而是攙扶彼此，慢慢走向終點，完成比賽，這是競技場上令人感動的畫面。

此外，在男子跳高決賽時，卡達選手巴爾希姆和義大利選手坦貝里都跳過兩公尺三十七公分，但兩人三跳都未通過兩公尺三十九公分。其中一人笑問工作人員：「我們兩個可以同樣獲得金牌嗎？」後來，國際奧會委員同意兩人共享金牌榮譽，各獲一面金牌，創下奧運田徑賽的歷史紀錄。奧運會競技不只有競賽，更有共享和攙扶的人情味，這也是奧運帶來的啟示。

奧運的啟示很多，一篇講稿聚焦談一個主題，呼應時事，從古今中外的事例中，連結個人觀點與情感，延伸或深入論述，借事說理、借事抒情，展現「知性的統整判斷能力」和「情意的感受抒發能力」，使人印象深刻。

材料蒐集，善用表格整理

新課綱強調擷取訊息的能力，蒐集材料是準備演說的第一步，讀得愈多，材料蒐集就愈廣泛，也愈能講得生動具體。為了有效運用材料，蒐集後建議可列表統整，以奧運報導為例，整理如下：

報導主題	事件重點	延伸表達
一顆羽球兩樣情	對陳雨菲像懲罰 對戴資穎是生活	運動價值的取向
高球延長賽摘銅	潘政琮最初落後 不代表奪牌無望	堅持信念不放棄
因拳擊活出自己	黃筱雯榮耀父親 勇敢走自己的路	天生我才必有用
翻滾吧體操男孩	李智凱完美迴旋 克服心魔終戴銀	相信自己做得到
亮眼的桌球新星	林昀儒東京奧運 青出於藍勝於藍	運動與讀書兼顧
桌球教父的身影	莊智淵老驥伏櫪 第五度奧運旅程	年雖老仍懷壯志
記取倖存的價值	郭婞淳數年寒窗 穩定中醞釀金牌	梅花香自苦寒來
男子雙打金圓夢	不被看好麟洋配 放手一搏竟摘金	千萬別說不可能

上臺演練與檢討分析

想學會游泳，不能只是「陸游」，臺灣俗諺「一暝全頭路，天光無半步」，意思指光說不練，紙上談兵，說明上臺演練之必要，身體力行之必要。

「上臺演練」及「檢討分析」是選手培訓的重要課程。積極參與老師安排的演練課程，逐漸習慣比賽時的抽題、準備、上臺等程序，讓自己更加身歷其境。並且挑選近五年全國比賽的題目，或依據時事新聞的命題進行訓練，而題目則不宜過於難以解讀或難以發揮，應與選手自身身分相關。演練前，自我提醒上臺演說的禮貌、報題、臺風、手勢運用等注意事項。

演練後的「檢討分析」具有醍醐灌頂之效，是選手成長的動力。因此選手可請教師針對「內容」、「語音」、「臺風」和「時間」四項評判標準，給予具體建議與鼓勵。尤其是內容的見解、結構和詞彙是否符合審題正確有

語文競賽演說題目集錦

以語文競賽國語演說項目的題目為例，各組題目分類有跡可循。國小、國中和高中學生組與生活經驗有關；教師組重視教學經驗、班級經營、教育理念；社會組則強調關懷社會和國家政策等。分析與比較題目，歸納如下：

題目類型	常見題目	分析比較
經驗分享	高中組：「我對大學生活的憧憬」、「我生命中的真正英雄」、「高中生如何展現最好的自己」、「給銀髮族一個擁抱」、「選系或選校」 國中組：「我如何做好情緒管理」、「我從別人身上學到的事」、「手機對國中生的影響」 國小組：「圖書館與我」、「手機與我」	◎以「我」為主題，「最」和「一」為焦點。演說稿審題和取材要檢視「我」、「最」、「看」等。 ◎此類型也常出現與「閱讀」有關的主題。例如：高中學生「腹有詩書氣自華」、「閱讀與智慧」等。
人與環境	「我最欣賞的一位運動員」、「親情與友情」、「我最崇拜的一位風雲人物」「大自然教我的事」、「水的啟示」、「臺灣的夜市」	描述這一類的題目時要有吸引力，要講出具體的形象，讓聽者很清楚講者表達的人物和環境，並在腦海中留下深刻的印象。

如何實踐	「節約能源，從生活中做起」、「孝順是一生都要實踐的功課」	這類題型一定要講出具體做法，不要天馬行空，要能夠講出「自己如何做」或「我認為該如何做」。
新聞事件	「我對新冠肺炎疫情的看法」、「奧運給我的啟示」、「我對社會亂象的觀察與省思」	這類題型一定要結合最新時事，包含國內外重要新聞，與人民生活有關的主題，如食品衛生安全、教育政策、重要國際運動賽事等。
想像如果	「如果我是市長」、「如果我是校長」、「如果我是老師」「如果我是新聞記者」	這類題型具有可發揮的特性，只要取材說法有理有趣，題材與眾不同，應可獲得高分。
雙軌二元	「紅花與綠葉」、「益友與損友」、「錦上添花與雪中送炭」、「高中生的友情與愛情」	必須平衡論述。
包羅萬象	「臨淵羨魚不如退而結網」、「心動不如行動」	論述此類題目需要聚焦，不要講得零散而無組織。

方向感、論述有層次感、說理舉例符合邏輯有新鮮感、遣詞用字精準典雅有質感等幾項指標，並且提醒選手在聲韻和語調上需要改進的地方，以及是否表現抑揚頓挫的節奏感，其次注意自身演練時的臺風，包含手勢運用的動感和服裝穿著的美感；最後就是分析整篇演說稿段落的分配時間，是否頭重腳輕，是否結尾過於匆促草率，是否超過規定時間等。

培訓過程中，難免遭遇困頓、陷入低潮，除了自身主動積極外，也不要太鑽牛角尖，可尋求指導教師的幫助，學習如何面對壓力，找出有效的解決方法。當我們學會轉換自己的心境與做法後，就能找出新契機，創造培訓後的新氣象，這是參加語文競賽最大的收穫。

邏輯＋思辨＝辯論的真諦

辯論，最精湛的口才呈現形式

「辯論是通向真理的橋梁」，古埃及一位年邁的法老諄諄告誡即將繼承王位的兒子說：「當一個雄辯的演講家，你才能成為一個堅強的人。舌頭是一把劍，它比打仗更具威力。」在實際生活中，「舌頭」的功能不言可喻，所謂「胸有正氣開天地，口吐風雷震鬼神」，正點出辯論的精神所在。

辯論是一種語言技術，也是一項藝術，更是一門學術，它融合運用邏輯學、語言學、修辭學、社會學、心理學、教育學、演講學、傳播學以及科學、美學等，辯士必須要懂得掌握理論與技術，在特定的時空環境中，以精準的語辭和聲音，輔以合宜的儀態，渾然一體，面對對方，讓其知、令其信、促其言。

透過辯論比賽，除了凸顯表達能力的重要性，修辭也是表現重點。以譬喻修辭為例，孟子擅長「就近取譬」，就眼前或是觀眾聽眾容易感受的經驗比喻，聽者較易理解，更能發揮說服的功能。例如：齊宣王問孟子「不為與不能有何不同？」孟子回答：「挾太山以超北海，語人曰我不能，是誠不能也。為長者折枝，語人曰我不能，是不為也，非不能也。」太山、北海都在齊國境內，都是齊宣王熟悉的經驗，就具有說服力。

一位優秀的辯士，需要具備鮮明的觀點、豐富的知識、出眾的口語表達能力，以及文質彬彬的態度。辯士的立論必須符合事物的發展規律，不是信口開河或想當然爾的胡謅；其語言表達的邏輯性嚴謹，有鮮明的層次，不能前言不搭後語或不著邊際的舌燦蓮花；立論所引證的論據充足而有力，使用的辭彙豐富而精準，所用的語言和態度準確得體，以及表達思想的聲調、感情、眼神、儀容都給予人們和諧的美感。

校園舉辦辯論比賽，透過主題辯論活動，正好提供學子學習及展現口語表達能力的舞臺，讓學生學習思辨能力與表達技巧，待日後成為講理的公民，並活用於生活、工作之中。

奧瑞崗式辯論比賽

「辯論比賽」乃指不同意見的正反雙方對某一特定議題，根據明訂的規則，以具有勝負決定權的評判委員為對象，當面陳述論證與辯駁的口語表達競賽。其主要目的在於訓練參與者的縝密思考與表達技巧。其積極意義應是一種賦予教育目標的遊戲，希望參加者能在扮演各項議題贊成者與反對者的過程中，學習理性辯論的表達能力與語文、邏輯素養，又同時保有比賽的競爭性、刺激性與趣味性。辯論比賽既然是一種口語表達和說理活動，辯士就具有「傳播、舉證、反駁」三項責任，更必須遵守「揖讓而升，下而飲，其爭也君子」的運動家精神。

「奧瑞崗式辯論」比賽是由美國奧瑞崗州立大學開創，這種辯論形式可學習口語表達和溝通，提升學生的組織力、反應力及聆聽力，藉著辯論活動培養團隊精神和默契，是一種兼具個人及群性的教育活動。奧瑞崗式辯論比賽中的三名辯士地位平等，兼具「申論、質詢、答辯」的責任。

申論，有理有據

「申論」是說明我方對辯題贊成或反對的論點，申論時主張必須有根據，不得質詢對方，提出的理由或案例須有相當的可信度與普遍性。

有一年臺北市高中職學生性別平等教育宣導月辯論比賽的總決賽，正方辯題為「我國社會是友善且無性別歧視的環境」，申論時正方應強調普遍性合理的證據，並合理深入說明各項數據，證明正方辯題存在事實；同理，反方辯題為「我國社會是不友善且具性別歧視的環境」，反方亦須提出有力的證據說明哪些不友善？哪些環境存在性別歧視？這些論點都必須普遍而合理。

不論是正方或反方，**基本上申論包括兩大部分，也就是立論和駁論，立論是建立自己的論證，**謂之「守」；**駁論是反駁對方的論證**，找出對方立論的漏洞，謂之「攻」。立論時，應掌握科學、創造及深入的原則，應提出證據及合理推論，再列出具體理由。證據要確實、客觀、全面，含具體的事實、例子和統計數字等，抓住問題的本質核心，把關鍵觀點講深講透，深中肯綮，切忌蜻蜓點水、主觀片面、以偏概全。

引用的證據可從學術論文、報紙雜誌、官方公報中蒐集取得，也可以透過與辯題直接相關人的訪談結果作為立論根據；駁論時要提出反證，找出相反的例子證據，論據必須典型而真實可靠，藉此推翻對方的論證，指出對方推理的錯誤、證據的不足或比喻、類推的不當，凸顯對方各個論點的矛盾。

申論時一般可採取單刀直入法、正反並舉法、析例引證法、先分後總法或設問過渡法，鮮明清晰的表達己方論點。一次成功的申論，除了穩固的立論與犀利的駁論外，申論的辯士要充分運用演講的技巧，口齒清晰、語音標準、精熟論點、表達流暢、臺風穩健、儀態大方、手勢自然以及目光放在觀眾、裁判委員及對方辯友身上等。論點的安排、申論稿的撰寫與應用是成功申論的要素。

質詢，尋找破綻

質詢時，質詢者應提出與辯題有關的合理清晰的問題，如果類比不當或所問與辯題無關，答辯者可以拒答；質詢者的權利僅質詢，不得評論或扭曲被質詢者的答覆，也就是不可隨便評論好壞對錯，甚至否定別人的答案；質詢者可以隨時阻止被質詢者的回答，但應注意說話禮儀及辯論風度，不可惡意制止，也不能不讓對方把話說清楚就隨意斷章取義；未經被質詢者承認的言詞，質詢者不得引用作為質詢話題。

質詢的功能是使己方更明確了解對方的論點，深入了解對方引用的數據與來源，從中發現對方論點的矛盾或破綻，藉此作為駁論的依據；質詢時有攻有守，可凸顯對方論點的不完備，並引導對方推理出我方預定的結論，鞏固我方的論點。**質詢時，應順藤摸瓜，以簡短易懂的問題提問，問題愈短愈好**，避免自問自答，或是問得不知所云，讓觀眾一頭霧水；質詢的問題避免過於開放，最好選擇封閉性問題，避免問「為什麼？」、「您認為如何？」等開放性問題，容易讓對方拖延時間、偏離主題或製造對方駁論的機會。

以擔任評判委員的經驗而言，我見過不少質詢畫面是流於再次申論或任意評論對方，有時為了有效制止答辯者的發言，未能注意辯士風度，這些都是質詢時應注意的地方。

答辯，反應靈敏

答辯過程中，被質詢者應切題回答，不得提出反質詢或由隊友代為回答，答辯者可要求質詢者重述問題，但態度要有禮貌；答辯者非經質詢者要求，不可回答，若經質詢者要求停止時就應立即停止。比賽進入尾聲時，結論不得提出新論點，也不可提出任何質詢。

答辯時，要注意保持風度，不可反質詢，要運用機智反應，留心用字遣詞，避免出現語病，要維護己方的立場，避免陷入對方陷阱，若有機會，要伺機反擊，反守為攻。

奧瑞崗式辯論比賽最後的結論稿應事先準備，包括鞏固我方論點及駁斥對方論點，結論時不得提出新論點或新質詢，結論成績占總成績的四分之一，輕忽不得。

成為最佳辯士

獲得辯論比賽最佳辯士的殊榮，一般皆具有冷靜的頭腦、符合邏輯的批判能力、縝密合理深入的分析，以及清晰悅耳的口語表達的特色，同時更具備溫文有禮、文質彬彬的風度。正式的辯臺上，文質彬彬的辯士必然遵守「四不」原則，亦即「不訴諸情緒」、「不訴諸群眾」、「不訴諸暴力」及「不訴諸權威」，深入說明論點，辯論時不論贊成或反對，都能提出充分的理由與證據，心平氣和的解釋清楚，不論是否為名人專家，只要合理就令人信服。

辯論是「動口不動手」的君子之爭，是理性分析事理的活動，不是盲目服從或人云亦云。一名優秀辯士能夠發揮團隊精神，辯士之間互信互助，不爭主角，不求英雄主義，只問團隊是否成功，這才是最佳辯士的精神。

最強說服術：高效簡報

簡報，顧名思義是簡潔清楚的報告，能提供訊息和說明。以高中學生而言，實施新課綱後，多元選修課程和探究實作，比過去的學習模式更強調表達與分享。製作簡報文字和圖案，綱舉目張，搭配影片或動畫，以口語和肢體語言表達見解和心得，言之有物，言之有序，言之有趣，已是普遍的演講形式。

確定要簡報，應有簡報步驟的基礎概念，例如：了解觀眾聽眾對象是誰，撰寫簡報綱要和文字圖表，搭配主題的視覺道具，思考簡報開頭怎麼說，何時可與觀眾互動，可以強調哪些肢體語言，黃金一分鐘的精采結論等。

簡報要點清楚好懂

讀者也許曾經歷過這樣的場合：臺上聲嘶力竭報告投影片的內容，臺下卻睡眼惺忪，眼神迷茫，臺上與臺下無法交集。學校裡的課堂也不遑多讓，只要使用單槍投影片的課，好像都成了學生的「釣魚（打盹）課」。成功的簡報確實需要抓住幾個重點，這樣才能抓住觀眾的心。

因此，簡報前要認知——簡報就是傳遞訊息，傳訊人應該要清楚知道傳遞訊息，就是要達到溝通交流的效果，讓接受訊息的人能真正聽懂，並且把接收的資料存入大腦。如果傳訊人認為「我已經告知，聽不懂是你的事，反正我已達到告知的責任。」這種心態令人匪夷所思，不宜存在。

簡報也是同樣的道理。簡報時應該為第一次聽的人著想，因為第一次聽我們簡報的人，在習慣一個新主題前，需要一段時間才能進入情況，消化吸收。接下來，報告人有責任思考說話會不會太快？最後一排座位的人是否聽得清楚？能清楚辨識投影片的文字嗎？講者的語音語調會不會太平淡而無變化？內容會不會雜亂無章？會不會太瑣碎而讓觀眾抓不到簡報的重點？

為了成功扮演報告人的角色，我通常會自我要求，簡報時至少注意以下幾點：

1. 介紹每一要項時，可以先簡單提示該要項的重點，幫助觀眾判斷哪些是重點，進而理解內容。
2. 結束每個要點時，略作停頓，給觀眾一些思考時間，不用操之過急。
3. 有一定的語速，不能太快；音調隨重點而有變化，自然不造作。
4. 投影片呈現的標題與重點，字數不宜太多，顏色對比清楚不複雜，避免造成觀眾視覺的壓迫感。

5. 調整投影片的字數，字的級數不要太小，適度放入清晰的圖片等。

6. 視簡報內容而準備道具，或是與主題相關的物品，以增加說服力，加深觀眾印象。

7. 具體說明簡報重點，清楚交代人事時地物，並舉出具體事例，協助觀眾理解資訊。

簡報前自我檢視

完成簡報投影片或文字資料，務必自我檢視，是否符合「簡潔扼要清晰」的大原則？素材會不會太繁複？內容會不會太艱澀？投影片畫面會不會太花俏？自我檢視的目的是為了分享心得經驗，啟發觀眾，讓觀眾享受聽講的趣味，達到表達和交流的成效。簡報前的自我檢視項目則有以下內容：

依對象調整簡報方式

先檢視自己是否完全了解觀眾的背景，是否清楚簡報要達成的目標？能掌握「允執厥中、不偏不倚」的中庸之道嗎？一般只要聽報告人的遣詞用字是否精準，就能了解報告人是否清楚聆聽者的背景。

如果簡報的對象是學校師長或公司老闆等層級，必須在有限時間內提綱挈領，說明整個案子、活動的執行計畫，包含實施計畫的依據、目標、舉辦日期、地點、工作執掌和人員、經費來源、預期達成目標及可能遭遇的困難等，條列式的概要說明，讓主管看到整個計畫的輪廓，不必交代細節及詳列所有工作內容，不扯與計畫無關的話，而是讓主管在短時間內抓到重點。

如果簡報太簡略，提供的資訊不足，導致主管一再詢問，才能獲得清楚訊息而加以判斷與裁示，發生此種現象，一言以敝之，就是簡報前沒弄清楚聽報告的對象是誰，沒有拿捏好分寸。

如果觀眾是分組合作的同學，或各部門薦派共同執行工作的人，那麼簡報就必須包含工作執行的時間、地點、人物、完成事項、合作對象及其他注意事項等詳細說明與叮嚀，因為對象是第一線的執行者，報告人有義務讓這些第一線人員「見林也見樹」，使其清楚工作的目標、性質、事項、人物、時間、地點等，唯有讓執行的人清楚職掌和扮演的角色，才能團隊合作完成任務。與前述面對老闆或主管的簡報，須有所區隔。

因此**簡報前，須檢視內容是否符合聆聽者的年齡和需求**。

「同理」臺下聆聽者

自我檢視的第三個項目是，避免漏掉任何重點，掛一漏萬畢竟令人遺憾。因此簡報前自我檢視，使報告內容面面俱到，不致七零八落而顧此失彼。

聞道有先後，術業有專攻，絕大部分人所學有其限制，並不是全知全能，有盲點則在所難免，執行簡報的人亦然。如果能了解這一點，報告人自然會用同理心理解聆聽者的背景，簡報時會避免漏掉重點，降低疏漏狀況，減少誤解的機率。

前面提到的「盲點」，是指報告人想當然耳的誤以為聆聽者也知道該項訊息，因此沒有加以說明，這項訊息也許就成為盲點，導致工作執行不順。因此，自己熟悉就以為別人也一定知道，是說話者最容易掉入的窠臼與迷思，說話者很容易在無意間，把聆聽者的知識水準或先備知識想得跟自己一樣，卻忘了聆聽者可能是初學者或剛接觸這項業務。報告人在自我檢視時，不妨多一些同理心，或者請第三者幫我們確認報告內容，目的是利用別人的眼睛找出盲點，糾正自以為是的心態。

以高中生上臺簡報為例，現在高中生與同學分享的機會愈來愈多，尤其是專題研究報告，更需要採用投影片輔助的方式。簡報前，如果能多注意一些細節，對聆聽者的需求多一點關心，不僅老師和同學都會聽得清楚明白，也會對你刮目相看。

實用簡報技巧

如何完成清楚而有效的簡報？除了報告人事前自我檢視及要言不繁、提綱挈領外，報告人的說明技巧亦是關鍵。想透過簡報成功的傳達訊息，就絕不能輕忽簡報技巧。

去蕪存菁，架構清楚

首先，報告時要清楚顯示資訊的架構。例如：演說者對高中理組學生談「如何學好高中物理」，聽講的學生必然期待能獲得學習物理的方法，希望聽到「具體學習物理的方法」、「解題時，遇到瓶頸該如何繼續」、「物理得高分的有效方法」、「歷年來物理試題的難題及基本題分析」、「我的物理還有救嗎？」及「我該如何在短期內拯救我的物理」等。如果報告人一開始就花不少時間談論教育部的課程綱要、教學時數多寡影響教學品質，或者談論學物理有何好處等，可能讓觀眾失望而想離開現場。

因此報告人應揭示資訊的架構，快速抓住觀眾的注意力。簡報絕對不只是提供訊息，報告人必須事先整理希望傳達的內容，在報告前先代替聆聽者作好「資料處理和分析結構」的工作，目的是減輕聽眾的大腦負擔，報告人事先整理好內容再簡報，這樣所傳達的資訊，較能刻印在聽眾腦海中。

簡報時忌諱「貪多務得，細大不捐」，不知取捨會增加聆聽者的大腦負擔。如何「整理資訊」？如何「簡化資訊的結構」？不妨把握幾項重點：

1. 去除重複而累贅的訊息。
2. 指出大標題與小項目之間的關係。
3. 表達對等和對比的關係。
4. 結束前重申簡報重點。

語言表達，清晰精準

其次，報告人要使用清楚易懂的語言表達，避免咬字不清、贅詞冗字或艱澀文句。原則陳列如後：

1. 善用簡潔標題，提出主題概要，讓觀眾留下深刻的印象。
2. 遵守指定時間，提煉重點菁華，重點標出大標、中標和小標等。
3. 換位思考，同理觀眾先備知識，配合其特質，慎選素材內容。
4. 每句話不要太長，保持一定而適當的資訊量，讓大腦能儲存資料。
5. 用字精準明確，例如：「干涉」與「參與」或「介入」，意義不同，聽的人感受也有差別，「干涉」帶有負面評論的味道，「參與」或「介入」則相對較正面，語氣也不同。又如「進行一項調查」精簡為「調查」，「經歷了衰壞」提煉為「惡化」。

6. 內容符合邏輯，引用數據盡量精確。
7. 善用比喻，用觀眾知道的事情比喻陳述的概念。
8. 黃金一分鐘結論：條列式幫助觀眾整理重點。

聲音表情，靈活呈現

當我們準備簡報時，需要有效傳達我們的聲音，聲音可以表達感情、顯現情緒，要用簡報感染聽眾，獲得聽眾的共鳴，除了精采的內容外，不妨將我們聲音的力量發揮到極致。因此簡報前的練習，要掌握聲音的節奏、速率、音量、音調和適時的停頓。

無論是演說或簡報，若未能適度運用抑揚頓挫的聲情，那麼聽眾不消五分鐘就昏昏欲睡，演說和簡報都是富有溫度和生命的演出，聲音的表達自然要有起伏和抑揚，講到重點時加重音量，舉有趣的例子時，則語調輕快活潑，這樣更能吸引聽眾的注意力。

在正式發表報告前，找時間模擬強化報告的流暢度，使其不拗口，再請親友當聽眾，詢問他們聽得很清楚嗎？覺得流暢嗎？會不會覺得語速音調平淡、毫無變化？聽了會想睡覺嗎？會不會聽沒多久就想離場？只要把握這些重點，就可以作為修正的參考。

掌握聲音的節奏、語調和速率等要素後，想運用自如，除了練習還是練習。建議讀者多運動，尤其是游泳、跑步等有氧運動，長期規律的運動可增強肺活量，對說話表達時聲音的運用助益良多。只要針對這幾個重點調整訓練，假以時日，一定可以提升簡報的流暢度，達到爐火純青的境界。

掌握時間，有效報告

報告人有責任在一定時間內擷取重點、精簡濃縮，因此報告前的反覆練習、分寸拿捏和對資料的嫻熟度是其中關鍵。以我參與過研討會的經驗為例，較常出現「無法掌握時間，有效報告」的情況。因此，提醒讀者報告時不逾時、發言精簡而不冗長，避免壓縮與占用別人的時間，這是基本的禮貌，才能符合「時，然後言，人不厭其言」的要求。

說一則精采故事：科學研究發表

教育部的新課綱重視中學生的探究與實作課程，當中包含「發現問題」、「規劃研究方向」、「蒐集論證與建立模型」及「表達與分享」四個面向。強調學習科學課程的重要歷程，包含如何探究與實作、如何寫作和發表作品，因此發表專題研究報告的能力，顯得格外重要。

若以「探討液體的表面張力」為主題，動手做實驗，得到實驗數據和觀察結果，建議可以如此表達與呈現研究成果：

解讀數據，呈現研究脈絡

得到研究結果的數據後，必須依據最初設定的研究方向，找出操縱變因和應變變因的科學關係，掌握數據解讀和成果解說兩項重點。

科學研究重視「實驗數據是否可以再現？重複做，數據都是這樣嗎？實驗數據是否依據主題而系統歸納？實驗數據是否能以數學函數呈現分析結果？作者是否已理解數據內涵？能以說故事的方式詮釋數據嗎？」

在此以表面張力的實驗數據為例，彙整後列出以下三項探究方向，以供讀者參考：

1. 水、甘油、橄欖油等不同液體在攝氏溫度二十度時的表面張力。
2. 水、甘油、橄欖油，在不同溫度時的表面張力。
3. 水含有雜質對表面張力的影響。

針對此三項探究方向，可以數學坐標及函數關係式呈現每一組數據的意義，得到以下實驗結果：

「表面張力的大小和液體的種類及狀態有關，也和液體表面接觸的物質有關。當液體的溫度升高時，其表面張力減小」。

科學研究重視數據的詮釋，因此須能善用數據，**透過數據思考「我可以看到什麼？可以再做什麼？可以提出什麼見解？」**實驗數據可用來開啟新知，擴充已知，而不是再次證實已知。

研究結果告訴我們「不同液體表面遇到不同的物質，液體的表面張力會受影響，影響程度與種類有關」，對同學而言，是開啟新知和擴充新知，具有分享的價值和意義。

言簡意賅，凸顯研究重點

該如何發表研究成果呢？如何在八分鐘內分享豐富的心得？

我建議不要太貪心，要取捨，言簡意賅，凸顯重點；製作成果發表的海報，必須把握以下幾項原則：

1. 文字是否簡潔易懂。
2. 題目是否引起好奇。
3. 能否以一百五十字簡介研究的發現。
4. 能否圖文整合，引導觀眾看圖說話，以簡單規律描述實驗結果，切入新穎的特點。

若題目訂為「表面張力知多少——探討影響液體表面張力的因素」，易讀易懂，能吸引目光和引起好奇，讓人想知道什麼是液體的表面張力，影響液體表面張力的因素有哪些，以及如何影響。

製作成果發表用的海報時，排版不要太密集，字體不宜太小、顏色不宜繁複，把握「科學成果展示，不是美術比賽」的原則。此外，解說成果時，熟稔研究脈絡和數據結果，才能言之有物且有序；發音要清楚、聲調有變化、音量語速宜適切，眼神能與觀眾交流，切勿自言自語或像背書，而是說一則生動的科學研究故事，才能達到表達與溝通的效果。

多元升學路，築夢任我行：入學面試

目前臺灣的高中學生升學管道多元，從三十年前的單一大學聯考到現今多元入學，已經發展成特殊選才、繁星推甄、個人申請入學和分科測驗登記分發，及少數名額的國際科展、奧林匹亞數理競賽優異國手的推薦保送。

多元入學管道的目的主要是透過暢通多元的入學方式，達到各大學招生自主，各校系依其特色訂定招生條件，招收適性適才的學生。學生也必須具備一定程度的基本能力，及特殊興趣和才能方可順利進入想要就讀的科系。

基於上述的設計理念，各大學校系針對第二階段甄選時，往往會依據校系特色設計甄試項目，例如：實驗、筆試、面試等，這些的評量都脫離不了文字的表達和口語表達，此為決定是否能順利進入校系的關鍵。

不論是哪一種入學管道，對莘莘學子而言，生平第一次要面對幾位大學老師的問與答，緊張焦慮在所難免，因此高中學校辦理模擬面試實屬必要，至少透過演練，降低學子的焦慮感。

入學面試，考驗理解與表達能力

臺灣每年的三到五月，一部分高中學生面臨依學系學群繁星推甄，或校系個人申請入學面試的考驗，對大部分高中應屆畢業生而言，應是面試初體驗。我曾支援幾所學校的學生模擬面試工作，也曾指導北一女同學撰寫自傳與讀書計畫，以及如何面對面試考驗，深刻體會「機會永遠留給充分準備的人」、「聰明的人創造機會」的道理。

細讀簡章，認識欲推甄申請校系

繁星推甄與個人申請入學等管道實施多年，各校系在第二階段甄選的項目依自己學系的特色分別提出要求，每一年在簡章上記載的內容未必年年相同，因此要報名參加這個管道的讀者，必須仔細閱讀簡章載明的內容，千萬別完全依循前一年的學長學姊的模式，因為每一年的簡章內容都經過重新開會討論而定案，往往會依據前一年實施狀況的優缺點而修正方向。因此，特別叮嚀讀者：**細心閱讀當年的簡章內容**。

充分了解欲推甄申請校系的特點，是所有高中學校輔導老師千叮嚀、萬囑付的功課。為什麼要了解校系的特點？因為入學面試時，你對該系的興趣、你的人格特質與價值觀、對該系的認同程度、你的思考能力、表達能力、專業能力、在高中階段的學科程度、社團活動和服務學習的經歷，都是你必須準備表達的材料，因此事前整理與練習的基本功不能馬虎，否則一試便從口語表現看出端倪。依過去的資料顯示，申請入學的面試部分，大概占了總成績的30％左右，影響層面不能小覷。

充分準備是唯一錄取途徑

面試是個人推甄申請入學管道最緊張、也最難預測的一環，但仍有跡可循。依據近幾年畢業生的經驗，作品、讀書計畫、老師推薦函等書面資料提到的個人經驗、成長背景或教師推薦理由，通常是面試時隨機提問的焦點；各校系特色、學科課程與網頁資料等相關常識，以及推甄申請該系的理由、畢業後想從事哪一領域的工作而能學以致用等，也是必問的題目，考生要能清楚、明確而且具體的說出原因。常見問題包含：

◎請問你為何選擇我們這個系？對我們系的課程了解多少？

◎你的高中老師教學時，運用哪些我們這個系的概念？

◎你家從事中藥業，未來可以用哪一種企業管理概念來經營？

◎體育與運動科學系畢業後，你會如何運用所學提升國內體育產業效能，你能預測嗎？請提出自己的看法？

針對這些關聯性問題，考生都要充分準備。或者針對學習歷程檔案的某些內容隨機出題，例如：

◎考生說喜歡看書，委員就會追問：「你最喜歡哪一本書？書裡講些什麼？對你有什麼影響？」

◎你想讀企業管理，哪一位企業家是你的典範？

◎談談你對臺鐵列車發生事故的看法，並說明你對醫療資源分配的觀點。

◎談談你對新冠肺炎疫情的觀察和學習。

◎你的興趣有哪些？這些興趣與甄試我們系有什麼關聯？

◎對於參加這一次面試，你做了哪些功課？有什麼心得？

考生充分準備才能言之有物，說服甄選委員錄取自己。

自我介紹，掌握行銷亮點

「自我介紹」是一種用口語或書寫的非互動式表達，高中學生推甄申請入學或報名營隊常須自我介紹。構思介紹「自己」，必須注意選材和文章結構布局，才能凸顯個人特質，加深「讀者」印象。

閱讀者、聽眾是誰？

撰寫自我介紹文之前，須先想想你的讀者是誰？對方會想知道什麼？依此方向選擇題材。同樣的，面試時，誰是聽眾，誰是評審委員？要先清楚對象。

搶手的暑期營隊，名額粥少僧多，書面資料審查就是篩選學員的重要依據。「閱讀者」透過「自我介紹」，掌握學生「為什麼想參加這個營隊」的重點。現行大學入學管道多元，許多高中生透過「特殊選才」、「繁星推甄」、「個人申請入學」，或國際科展、奧林匹亞績優「推荐保送」等管道就讀大學校系；因此，學生必須準備書面審查資料或學習歷程檔案。閱讀「自我介紹」文的「讀者」，聆聽自我介紹的人則是大學聘請的評審委員。

以同理心換位思考，閱讀者囿於時間，很難閱讀冗長文字。要讓讀者迅速掌握重點，應僅談就學動機、人格特質、學習歷程和與該科系最相關的描述。

行銷亮點，推陳出新

每個人獨一無二，自我介紹時應呈現獨特性，讓讀者聽眾讀出亮點。

例如：申請中醫學系，可描述一段經歷：由於想了解中西醫處理運動傷害的思維與程序，自己曾徵得同意觀察醫師的診斷與治療，並透過諮詢與查閱資料，撰寫小論文。過程中除了自主學習，小論文還得獎，獲得激勵與啓發。此經歷是文章的亮點，因高中生少有探究醫學診斷與治療的自主學習歷程。

綱舉目張，列出清晰標題

多數中學生自我介紹時，常落入「沒重點、沒亮點、沒條理、沒道理」的窠臼。囿於時間和字數，撰稿前宜規劃方向，掌握讀者聽眾想知道的重點，秉持「不吹噓、不誇大、不造假」的坦誠，布局文稿，段落間設定標題，凸顯全文的層次和意涵。

申請入學自我介紹撰稿規劃表

項目	撰寫素材	把握重點
基本資料	姓名、學校、家庭、社團、學習	精簡文字，快速入題
動機（重點）	一次特殊經驗的啟發	敘述精簡生動
學習表現（重點）	綜合在校重要的學習歷程和表現	結合在校成績單
特殊經歷（亮點）	描述與申請科系有關的特殊經歷	描述清楚鮮活
檢視文稿	文章的結構與詞彙、重點與亮點	標題與內容是否相符

這樣寫，簡潔又吸睛

「學生是臺北市立〇〇高中應屆畢業生〇〇〇。父母期許我做事簡潔有效率，常有創意佳作，像旭日充滿熱情與活力。

閱讀與社團：啟發興趣

我愛閱讀中醫學書籍，高中涉獵《黃帝內經》、《思考中醫》等書籍，擔任教職的父母親鼓勵我就讀中醫學系。高中擔任國術社社長，學習溝通和表達。透過諮詢與觀察，我發現武術與中醫學傷科、西醫骨科和復健科相關，皆有科學思考的共通脈絡。

參加中醫學營：確認就讀方向

除了讀書和社團外，受到爸爸的影響，我愛打籃球，瞭解團隊合作才能打出一場好球，強健的肌力才能避免運動傷害。我曾陪腳踝受傷的爸爸就診，了解中醫師如何處理運動傷害，提升我讀中醫學系的興趣。我高一暑假曾參加中醫學營隊，了解中醫學系的課程，確認選擇中醫學系。

選我所愛，愛我所選

導師曾問我：「你學測七十五滿級分，可以塡頂尖國立大學的醫學系，爲何選私立大學的中醫學系？」我回答：「臺灣只有兩所私立大學有中醫學系，透過中醫學系雙主修，了解中醫和西醫的異同，二者是否可融合和會診？」也有人問我：「你到底比較喜愛中醫還是西醫？」無庸置疑是中醫。選我所愛，愛我所選，我期待雙主修中西醫，進入醫學殿堂。

這篇申請入學的自我介紹文，明確強調選擇中醫學系的理由，掌握重點、呈現亮點，言簡意賅，真誠解答讀者的疑惑。

學習歷程檔案，重視反思

新課綱的高中學生，畢業後進入大學就讀，學習歷程檔案取代備審資料。這是升學程序的重大變革，自一一一年開始。個人申請入學管道重視個人的學習歷程檔案，依據教育部和大學入學招生聯合委員會，自高一起每學期可上傳「學習歷程檔案」，目的在於分散準備備審資料的壓力。

個人推甄申請入學的資料究竟包含哪些內容？最清楚的方向是閱讀各校系的簡章，因為不同校系可能載明不同的要求，而且每一年可能會因評估實施成效而彈性微調，因此仔細閱讀校系的簡章說明，才能掌握明確的方向。

本章節擬就推甄申請入學學習歷程檔案的撰稿方向提出建議。

表達力，對學習歷程檔案的影響

參加推甄或申請入學管道的校系，大抵制定的學習歷程檔案項目，有申請人自傳、在校成績單、多元表現成果和讀書計畫等。大學校系聘請的審查委員，透過學習歷程檔案資料和訂定的評分指標給予點數或分數；需要面試程序的校系，面試委員能夠在面試前閱讀學習歷程檔案資料，約略瞭解學生的特質、表現及思維等，並從學習歷程檔案資料中，整理面試時提問與再確認的素材及參考依據。

學習歷程檔案資料中的「自傳」、「多元表現」究竟該寫什麼？這與取材有關。以「自傳」和「多元表現」而言，大學的面試委員一般是從此二項目了解學生是否對該系感興趣，因為興趣是學習的主要動力，有興趣才能讀得下去，才可能達到「好之者、樂之者」的境界，符合「適性揚才」的宗旨。

如何讓審查委員和面試委員，能清楚掌握學習歷程檔案資料的內容，做到不誤解、不會摸不著頭緒？寫作能力的重要性不言可喻，從備審資料中確實可看出申請人的文字表達能力。例如：描述在學期間如何與同學團隊合作完成科展作品，寫作能力佳的人可以讓審查委員閱讀的同時，在腦海裡出現畫面，展現敘述吸引力；如果寫作能力不佳，只能說「會和同學合作」，但不能進一步生動描述合作的歷程，無法使委員閱讀時在腦海裡產生畫面，自然難以感動審查委員。

舉一高中學生撰寫學習歷程檔案時，能具體描述與同學合作完成科學實驗為例：

佳萱和我得知作品「探討在電場作用下水珠的電溼潤現象」在全國科學展覽會獲獎的當下，我們泛著淚光緊緊擁抱。一年多的歲月，我們在實驗室一起製作實驗材料，逐一操作和記錄數據，討論實驗現象和造成不確定度的原因。我們既分工又合作，佳萱將一筆一筆的數據整理成統計資料和關係圖，我則負責撰稿，每次的實驗數據和探討，成爲撰寫論文的依據。這一段做實驗的經歷，成爲我們高中生活最難忘的記憶。

呈現興趣和意願

申請入學備審資料的「自傳」，重點一定要強調個人的興趣和強烈就讀意願，這是個人申請入學管道的真諦。例如：想呈現申請人相當適合就讀材料工程學系或新聞傳播學院等，撰寫自傳時，就必須用文字明確表達和呈現出來。

撰寫自傳項目時，特別叮嚀高中生，自傳是面試時最容易被詢問的內容，因為學生大抵有備而來，比較不會一開始就緊張而表現荒腔走板，因此撰寫時要掌握「務必誠實以對」的原則，包含家庭背景、成長經驗、競賽成果、生活態度與人生觀等，切勿瞎掰，更不能抄襲學長姐的資料。

為了加深審查委員或面試委員的印象，期盼能從眾多申請人中脫穎而出，自傳除了表現「真誠」外，也可以簡潔鮮明的標題適度凸顯內容的重點，行銷自己，展現高中三年的內在思維和學習表現，內容包含自己在社團的表現和省思，校內校外的競賽成果，可用文字和圖片適切呈現。

細說高中生活甘苦談

備審資料不一定完全呈現高中學習階段的「豐功偉業」和美麗的歷程，畢竟成長中難免有失落有挫折，從挫折中成長反而彌足珍貴，因此在自傳中可真實呈現「得獎背後的辛酸與哀愁」。高中近三年的生活，自己面對哪些挫折、如何因應、當時的想法與態度為何、誰曾經幫助我，這些都可以透過文字表達自己的「省思過程和挫折容忍力」，也可以呈現自己未來進入大學後，能面對可能遇到的挫折，有能力面對和適應這個科系繁重的課業要求，並以強烈的興趣作為學習的動力，迎接挑戰。

自傳呈現的內容因人而異，審查或面試委員大概想了解以下幾點：

1. **基本資料**：畢業學校、就讀類組、人格特質等。
2. **家庭概況**：家庭成員和概況等。例如：父母的職業、兄弟姐妹的求學概況，簡單陳述父母對自己的期許與管教方式，或哥哥姐姐對自己選擇科系的影響等。
3. **高中階段**：強調在校的特殊優異表現、參賽成果與心得、社團經驗與成長，說明如何培養興趣和充實能力，務必能連結報考該校系的動機，透露自己對這個系「情有獨鍾」，展現「我為進入這個學系的努力與充分準備」。

4. **未來展望**：包含進入大學後的期待，可簡要描述近程、中程和遠程目標，說明自我期許、個人想法、生涯規劃及實際作法等。

嚴謹審視學習歷程資料

學習歷程檔案會影響推甄申請入學的結果，因此參加推甄或申請入學管道的科系幾乎都制定「資料審查」項目的評審尺規，包含部定必修、校訂必修、多元選修、自主學習及在校成績單、競賽成果、多元表現等。依據大學校系的說明，每學期的學習歷程檔案資料，提供甄審委員在面試前約略瞭解學生的特質、表現及想法等，這些資料提供面試時的素材，也可以看出學生的表達能力，作為面試時「印證」的參考依據。

面試委員從自傳的基本資料中，大抵想了解學生是否對該系感興趣，因為有興趣才能讀得下去，才可能達到「知之者、好之者、樂之者」三種不同境界，也能呼應「適性適才」的精神。

讀書計畫準備重點

過去的備審資料往往需要附上讀書計畫，這亦是面試時提問的素材之一，因此，掌握面試委員的評分要點是準備資料時不可或缺的注意事項。撰寫讀書計畫時應注意幾個重點：

1. **段落與下標題**：讀書計畫要有條理和系統，列出近程、中程、遠程的計畫，且是具體可行，而不是讓面試委員看了之後覺得「天馬行空」或「語焉不詳」。因此為了讓面試委員在有限的時間裡很快掌握學生的計畫，段落分明，能夠提供小標題，讓面試委員很快提出問題，具有加分效果。

2. **流暢適切的文字表達力**：語文的表達能力決定許多考試成績的高低，流暢適切的文字表達力是基礎的要求。因此，寫讀書計畫時也要把握這個原則，千萬不要讓面試委員覺得這名考生的寫作能力很差，做事缺乏邏輯性和統整性。請記得，學習歷程檔案資料和其他文件的表達能力將反映在面試時的口語表達，不能不慎。

3. **確切了解推甄申請入學的科系**：這是「專業知識」，字裡行間要包含系上開課、系上特色、學系歷史及未來發展等。因此，讀者必須用功蒐集資料、彙整資料、消化資料，才能寫得確實而深入，避免華而不實，這也告訴甄審委員：「我很認真要就讀這科系。」

4. **適當表達自己的企圖心**：結合自傳，再三強調自己具有發展潛力，具有獨立解決問題的能力，很適合念這個科系，自己很喜歡這科系，未來從事的工作就是這個領域，並期許自己秉持志趣而成為這個領域的翹楚。

實戰演練，應注意這些「鋩角」

臺灣諺語：「捷講喙會順，捷做手袂鈍」，只要多練習，一定會進步。究竟如何從倍率篩選的高手中脫穎而出？多次沙盤推演是不二法門。根據指導學生的經驗，學生在模擬演練時，難免緊張拘束，減少緊張的方法，除了充分準備外，一定要多次演練。

從模擬演練中檢視優缺點

各校系辦理面試的方式不一而足，有些是多位委員對一名考生，但也可能有不少組合，例如：五位委員一次對五名考生，也可能甄審委員分成兩組或三組，每一名考生都要經過兩關或三關甄審委員詢問；或者是一組委員專門詢問自傳內容如「選系動機與興趣」，一組委員詢問「高中生具備的學業知識」等，第三組委員詢問在校成績表現等學習歷程檔案資料，檢視資料的真實性，也可以了解考生的邏輯思維、對問題的了解及表達能力。

假如考生能針對上述可能的問題沙盤推演，那麼面對甄審委員時，應能降低緊張感，從容不迫的回答問題。回答時，不妨以自己為例，但例子切忌「又長又臭」，以四十秒內或更短時間內敘述一個完整例子為佳。

演練時，可請老師或親友協助擔任面試委員，讓自己能勇於面對委員，放開自己，注意嘴形、音量，若擔心自己的音量不夠大聲，可以主動請教面試委員：「請問這樣的音量可以嗎？」如此不但表達出自己很重視這次的面試，也表現出關心他人的需求，最重要的是，可以降低自己的緊張程度。

一般而言，面試委員會重視考生的答題內容、專業能力、邏輯思考能力、學習能力及對學校的認同程度。因此自我訓練時，要把握：口語表達清楚明確、展現高中所學的知識與能力、回答時態度大方，表現年輕人的自信與活力，以及強烈就讀的動機等這幾項原則。當真正面試時，較不容易有挫折感，比較容易克服困難，獲得加分效果。

另外，我蒐集校友的經驗談，這些是珍貴的「他山之石」。以下列出基本題，提供需要申請入學面試的讀者自我練習：

◎自我介紹：中文英文都要準備，有三分鐘和五分鐘的中英文版本，內容包含興趣專長、家庭狀況、學習狀況、社團表現及未來自我期許等。

◎你平時做什麼休閒運動？你會玩什麼樂器？

◎自我剖析優點與缺點？遇過什麼挫折？如何度過難關？

◎你的同學對你的評價如何？

◎你為什麼選擇這個科系？為何不選擇他校相同的科系？

◎父母對你選擇這個科系的看法？

◎求學期間的感想？擔任過什麼幹部？

◎有沒有最敬愛的老師？為什麼？

◎參加過什麼比賽？例如：科學展覽競賽、語文競賽、運動比賽等？

◎你的高中學校特色有哪些？談一談你就讀的高中。

面談言之有物、有序

無論是演練或正式面試時，記得不斷提醒自己，專心聽題目，不急著搶答，略微思考後以條列式方式回答，時間有限，先把最想表達的內容提出來，練習能娓娓道來，把握回答的重點。說話時，一定要有條理，不紊亂，不妨以「首先」、「其次」、「再其次」、「最後」的連接詞貫串，也可改成第三、第四，讓表達顯得更有條理，言之有序的人應該有較大的勝算。

考場實戰

上場前，除了事先看考場外，也要掌握幾個重點：

1. **注意服儀**：服裝要得體適宜，包含顏色、清潔、合身的考量，要能符合學生身分，不要太稚氣也不要太老氣。以「維持學生本色，穿著得體」為原則，視個人習慣而定，不要太草率，不宜太露，不一定要穿西裝、套裝，只要整齊、清潔，維持高中生的青春本色即可。這一點可以與父母師長充分討論與觀察，得到定論。

2. **在面試場合，態度要誠懇，注意禮貌**：中肯回答，放鬆心情，學習面帶微笑。遇到不知道的問題，可以誠實告知這部分自己並未涉獵，因此並不清楚答案。不建議對沒有把握、不懂的問題發表「天馬行空」的論點，畢竟「誠實為上策」，既然是學生，必定有很多需要學習的地方。

3. **眼神專注，注視面試委員**：回答時要注視面試的委員，說話要清楚，並視時間允許，選擇簡潔或再深入補充。

面試時，不要害怕答錯

「面試時很怕答錯，不知道該怎麼辦？」這是不少學生的疑惑。

我建議要突破心理障礙，不妨心理建設：「我是學生，就是因為不了解，所以要到大學學習。」因此要特別鼓勵考生，如果提問的問題稍微有些概念，可大方勇敢回答。你可以採用這樣的方式向委員表達：「這個問題我不是很有把握，但我盡量依據學過的概念試著回答看看，再請老師指導。」一般而言，甄審委員的看法為：主要是想透過表達能力觀察考生的舉止態度是否誠懇，不一定是要得到正確的答案。因此考生不妨勇於回答，切莫含糊其詞或避重就輕，只要眼神堅定，用語適切，能舉例證，舉止儀態大方即可。

平時掌握表達機會，多加練習，觀摩同學的表現，相信高三下學期的入學面試時，自然水到渠成，金榜題名。

「推甄申請入學」的精神可以用「四『適』如意」來詮釋，也就是「用適當管道，找適合學生，進適切科系，作適性發展」。考生若能充分準備，向面試委員明確表達「我為什麼要用申請方式進入這個科系」、「我有什麼能力讀這個科系」、「未來我如何學以致用」等問題，相信能體現「多元升學路，築夢任我行」、「青春歲月不留白，生涯規劃由我來」。

國家圖書館出版品預行編目資料

一開口就打動人心：精準掌握演說.溝通.簡報.寫稿技巧/簡麗賢著.
-- 初版. -- 臺北市：幼獅文化事業股份有限公司, 2022.10
面； 公分. -- (生活館；6)

ISBN 978-986-449-272-5(平裝)

1.CST: 人際傳播 2.CST: 溝通技巧 3.CST: 說話藝術

192.32 111014036

·生活館006·

一開口就打動人心

作　　者＝簡麗賢
繪　　者＝昭日光和
出 版 者＝幼獅文化事業股份有限公司
發 行 人＝葛永光
總 經 理＝王華金
總 編 輯＝林碧琪
主　　編＝沈怡汝
編　　輯＝白宜平
美術編輯＝李祥銘
總 公 司＝10045臺北市重慶南路1段66-1號3樓
電　　話＝(02)2311-2832
傳　　真＝(02)2311-5368
郵政劃撥＝00033368

印　　刷＝崇寶彩藝印刷股份有限公司
定　　價＝320元
港　　幣＝106元
初　　版＝2022.10
書　　號＝954223

幼獅樂讀網
http://www.youth.com.tw
幼獅購物網
http://shopping.youth.com.tw
e-mail:customer@youth.com.tw

行政院新聞局核准登記證局版臺業字第0143號